◆ 省级特色专业武术与民族传统体育建设项目

传统体育养生功法教程

丛书编委会
主　任　于振海
副主任　胡玉玺
委　员　李远伟　阎　彬　田文林

本书编委会
主　编　田文林　张广明
编　委　（按姓氏笔画排序）
　　　　任秀娟　任津锋　李会帅
　　　　李远伟　肖　宏　胡玉玺
　　　　阎　彬　董国兴　薛良磊

西安交通大学出版社
XI'AN JIAOTONG UNIVERSITY PRESS

图书在版编目(CIP)数据

传统体育养生功法教程/田文林,张广明主编.—西安:西安交通大学出版社,2014.4(2023.8 重印)
 ISBN 978-7-5605-6117-2

 Ⅰ.①传… Ⅱ.①田… ②张… Ⅲ.①体育保健学－教材 Ⅳ.①G804.3

中国版本图书馆 CIP 数据核字(2014)第 065418 号

书　　名	传统体育养生功法教程
主　　编	田文林　张广明
责任编辑	李　晶
出版发行	西安交通大学出版社 (西安市兴庆南路 1 号　邮政编码 710048)
网　　址	http://www.xjtupress.com
电　　话	(029)82668357　82667874(市场营销中心) (029)82668315(总编办)
传　　真	(029)82668280
印　　刷	西安五星印刷有限公司
开　　本	727mm×960mm　1/16　印张 12.625　字数 210 千字
版次印次	2014 年 4 月第 1 版　2024 年 8 月第 4 次印刷
书　　号	ISBN 978-7-5605-6117-2
定　　价	42.80 元

如发现印装质量问题,请与本社市场营销中心联系。
订购热线:(029)82665248　(029)82667874
投稿热线:(029)82668803
读者信箱:med_xjup@163.com

版权所有　侵权必究

前言

近几十年来,随着人们物质生活水平的提高和精神需求层次的上升,健康和长寿日益成为人们普遍关注的生活课题,人们的体育健身意识不断增强,参与体育活动的人数也逐步增多。体育不仅成为了身体锻炼的重要方式,而且成为了社会时尚的代名词。"少吃药,多流汗""花钱买健康"等已为人们所共识,并有越来越多的人参与到体育锻炼中来。这样在人们不断追寻和提高更好的生活质量的同时,养生越来越受到现代人的重视。因此,为了发扬民族精神,更好保护传统体育养生功法的传承,满足广大群众日益增长的修身养心的需要,故着手编写了《传统体育养生功法教程》。

传统体育养生功法,是我国优秀的文化遗产,在几千年的古老文明中,经历代的医学家、养生家和广大人民群众在实践—认识—再实践—再认识的基础上,逐步积累起来的一整套传统体育养生保健理论与方法,并经历了萌生、形成、发展到完善的过程,逐步形成了独特的理论体系,是中国传统体育养生学的重要组成部分。它不仅健身作用明显,而且内容丰富,形式多样,不同的功法有着不同的动作结构、风格特点和运动量,并且不受年龄、性别、体质、时间、季节、场地、器材等限制,人们可以根据自己的需要和条件,选择合适的功法进行锻炼。因此,普及传统体育养生功法,不仅可以满足人民群众多元化的健身需求,而且在推动全民健身活动蓬勃发展中也发挥着重要作用。

本书主要介绍了传统体育养生功法的发展历程、理论基础、教学方法及导引、太极拳等功法的动作图解,以期使大家对养生功法有一个更加全面而又详细的了解,使这一宝贵的文化遗产更好地服务于人类社会。

本书共有五部分组成。第一部分主要从传统养生和传统体育养生的内容及分类,养生功法的特点和习练的原则等几个方面概括介绍了传

前 言

统体育养生功法。第二部分主要介绍传统体育养生发展简史。第三部分从整体观、经络学说、阴阳五行等方面阐述传统体育养生功法基础理论。第四部分介绍了传统体育养生功法在教学实践中的具体习练方法，并对教学特点、教学阶段、教学方法展开介绍，较为详细地论述了功法在教学中的具体实施方法。第五部分主要是介绍2004年国家体育总局健身气功管理中心组织编创的新的健身功法：健身气功·易筋经、健身气功·五禽戏、健身气功·八段锦及健身气功·六字诀等，并结合大众的需求介绍了简化陈氏26式太极养生功法。其中以往出版的一些动作图解笔者认为不够清晰，略加更改，如有不到之处敬请斧正。

本书的第一、四、五章由田文林编写，第二、三章由张广明编写。在本书的编写过程中，甘泉、楚鹏飞为主要演示者为本书的易筋经、八段锦、大舞、五禽戏等动作进行了配图。薛良磊为第三、四章的编写提供了技术顾问以及校稿工作。任天麟和李会帅为太极拳一章的编写提供了珍贵的资料以及认真而详细的技术顾问工作，同时任津锋为此章进行了太极拳的动作演示。此外，董国兴也为本书的编写提供了相关技术支持。袁晋文承担了全书图片的拍摄工作。对本书编写提供帮助的所有老师和同学表示感谢。本书在编写中参考了相关教材和书籍，为此，一并对其编者表示感谢，如有不到之处，敬请谅解。

由于时间仓促，加上编者水平有限，疏漏之处在所难免，请各界朋友给予批评指正。

作者
2014年4月

目录

第一章 传统体育养生功法概论 (001)
- 第一节 传统养生概念 (001)
- 第二节 传统养生的内容及分类 (002)
- 第三节 传统体育养生的概念 (004)
- 第四节 传统体育养生的内容及分类 (005)
- 第五节 传统体育养生功法的特点 (011)
- 第六节 传统体育养生功法习练的基本原则和要领 (013)

第二章 传统体育养生发展简史 (017)
- 第一节 先秦时期——传统体育养生的萌芽期 (017)
- 第二节 秦汉至隋唐时期——传统体育养生的繁盛期 (019)
- 第三节 宋元至明清时期——传统体育养生的成熟期 (020)
- 第四节 近现代传统体育养生发展的新形势 (022)

第三章 传统体育养生功法基本理论 (023)
- 第一节 经络学说 (023)
- 第二节 阴阳五行学说 (025)
- 第三节 整体观 (029)
- 第四节 精气神学说 (031)

第四章 传统体育养生功法教学方法 (033)
- 第一节 传统体育养生功法的教学特点 (033)
- 第二节 传统体育养生功法的教授阶段 (035)
- 第三节 传统体育养生功法的教学方法 (037)

目 录

第五章 传统体育养生功法 …………………………………… (043)
  第一节 太极拳………………………………………………… (043)
  第二节 健身气功——大舞……………………………………… (078)
  第三节 健身气功——易筋经…………………………………… (113)
  第四节 健身气功——五禽戏…………………………………… (142)
  第五节 健身气功——八段锦…………………………………… (175)

参考文献 …………………………………………………………… (195)

第一章 传统体育养生功法概论

第一节 传统养生概念

养生顾名思义,就是保养身体、性命以达长寿,又称摄生、道生、养性、卫生、寿世、保生、厚生、长生、摄养等。生就是生命、生存、生长之意;养即保养,补养之意。关于"养生"一词最早见于《庄子·养生主》中说:"吾闻庖丁之言,得养生焉。"庄子从庖丁解牛中得出顺乎自然本性的人生准则,后人注解为获取养生之道,从中可以看到,养生的基本含义就是调养身心,顺应自然,以期健康长寿。《灵枢·本神》里讲到:"故智者之养生也,必顺四时而适寒暑,和喜怒而安居处,节阴阳而调刚柔,如是则僻邪不至,长生久视。"这里从"顺四时而适寒暑""和喜怒而安居处""节阴阳而调刚柔"三个方面更为具体提到养生的意思,更能让人有直接的感受和理解。因此,从广义的概念来讲,人类一切维持生存、保养身体、增强对环境的适应能力,以及提高生命质量的行为都是养生涵盖的内容。

在中国历史上很早以前就提出了养生、寿世的观念。早在商代典籍《尚书·洪范》中就提出了"五福"之说:"五福:一曰寿,二曰富,三曰康宁,四曰攸好德,五曰考终命。"涉及身体健康的内容就有三条。古代人这种重视长寿的意识,推动了早期对生命养护和延年益寿的研究与探索。在养生探索过程中,受到中国古代哲学、医学、宗教等各家各派的影响,使传统养生得到了充分的发展,并最终在中国历史上形成了涵盖广泛、形式多样的养生内容。

中国传统养生是在传统养生学理论指导下,以传统哲学为理论指导,综合运用中医的理论与方法,采用行气、导引、服食、药饵、房中等具体手段,通过提高身心健康水平、发展身体自我调节能力、提高生命和生存质量等途径,进行的预防疾病、养护生命、延年益寿的实践活动。同时,由于中国传统养生思想的根源是中国传统文化。在中国历史上,可以发现传统文化的各个分支都与传统养生有着千丝万缕的联系,而在各个学派的理论中,也不同程度地包含着养生的成分。例如,儒家养生理论关注作为整体的社会人的生命存在和基本关系,可以归为广义的养生;道家养生理论注重自然、社会、心理、生理之间的关系及个体人格与生命的发展等。这使传统养生不仅理论内涵丰富,而且拥有着形式多样、内容各异的实践活动。但是,受传统养生特殊起源的影响,在其传承交流中受到一些非理性、不科学因素的影响和渗透,因此,传统养生中必然包含着一些不科学的,甚至是伪科学的成分,如巫术、伪气功等,这需要我们本着"去其糟粕,取其精华"的思想去学习和继承传统养生。

第二节 传统养生的内容及分类

中华养生是一种文化现象,它是中华民族在维护人类健康和种族延续的历史实践过程中所创造的物质财富和精神财富,具有一定的民族性、传统性和延续性,其内容博大精深,是中华五千年文明之瑰宝。并在养生理论指导下,历代逐渐建立起来,不断发展与完善。从《黄帝内经》《周易》《易经》等有养生文字记载时起,到老子、孔子、华佗等无数先贤们,对养生文化的不断传承和发展,如今形成了形式多样、内容丰富的传统养生体系。

人们从不同的角度把养生大体分为中医养生、食品养生、仿生养生、药物养生、精神养生、心理养生、武术养生、辟谷养生、佛家养生、道家养生、儒家养生、书法养生、音乐养生、五行养生、吟唱养生、吐故纳新养生、导引养生、元气养生、运动养生、针灸推拿、特色诊疗、美容美体、足疗养生、按摩保健、温泉洗浴、禅道修身等。

养生内容的分类方法很多,根据养生的形式不同分为以下七方面:

1. 神养

包括精神心理调养、情趣爱好调养和道德品质调养等方面。融合了传统医药、宗教和民俗文化内容。

2. 行为养

包括衣、食、住、行和性生活等生活起居行为调养。融合了传统医药、宗教、民俗、艺术文化等内容。

3. 气养

主要为医用健身导引的"内养功"。融合了传统医学文化、宗教文化和武术文化内容。

4. 形养

主要包括形体锻炼、体育健身活动。融合了医学文化和武术文化内容。

5. 食养

主要内容为养生食品的选配调制与应用,饮食方法与节制等。主要包括了医、药、食、茶、酒以及民俗等文化方面。食养渗透于日常生活之中,其应用范围广,适合人群较多。

6. 药养

主要内容为养生药剂的选配调制。其制剂多为纯天然食性植物药;其制法多为粗加工调剂;其剂型多与食品相融合。对此,古代常有药膳、法膳之称。其应用范围较广,适合人群较多,涉及医、药、饮食文化等方面。

7. 术养

是以上养生之术以外的一种非食非药的养生方法,即利用按摩、推拿、针灸、沐浴、熨烫、磁吸、器物刺激等方法进行养生。其内容主要涉及医药文化。

此外,从整体论的角度,养生可分为以下四种:

1. 顺其自然

顺其自然体现了"天人合一"思想,强调在养生过程中要符合自然规律,不可违背自然规律。同时也要重视人与社会的统一协调。正如《黄帝内经》主张:"上知天文,下知地理,中知人事,可以长久。"

2. 形神兼养

在养生过程中既要注重形体养护,更要重视精神心理方面调摄,所谓形神兼养、守神全形、保形全神等。

3. 动静结合

现代医学主张"生命在于运动",传统医学主张"动则生阳",主张运动健身,但中医养生也主张"动中取静""不妄作劳"。正如《周易外传》所说:"动静互涵,以为万变之宗";《类经附翼·医易》所说:"天下之万理,出于一动一静"。

4. 综合和审因施养

养生不拘一法一式,应形、神、动、静、食、药等多种途径、多种方式进行养生活动。另外,也要因人、因地、因时之不同用不同的养生方法,即所谓审因施养、辨证施养等。

另外,也有学者根据养生的方法、手段不同,把养生分为以下三类:

1. 饮食养生

在《黄帝内经》中就有关于饮食养生的记载,如:"五谷为养,五果为助,五畜为益,五菜为充,气味和而服之,以补精益气"。《管子·戒》中说:"滋味动静、生之养也,……是以圣人齐滋味而时动静。""齐滋味"是说要有多种的营养物质,以取得良好的营养效果。

2. 运动养生

运动养生是以有意识的身体运动来保养生命,可以这样说,运动养生本质上就是体育养生。《管子》中说:"壮者无怠,老者无偷,顺天之道,必以善终者也。……导血气以求长年、长心、长德,此为身也"。《荀子·天论》说:"养备而动时"。《墨子》说:"动或从也",又说:"动,偏祭从者,户枢免瑟"。《庄子》说:"动而以天行。"医家则从产生疾病的原因,来说明身体运动的重要意义。《黄帝内经》分析不同的人生病的原因时说:"形乐志苦,病生于脉。……形乐志乐,病生于肉。……形苦志乐,病生于筋。……形苦志苦,病生于咽嗌。……形数惊恐,经络不通,病生于不仁。……是谓五形志也。"就是经常锻炼身体,促进呼吸和血液循环以达到健康长寿。通过有意识的身体运动增强体质,增加生命体的活力,使人的生命体在自然和社会的大环境中保持平衡和适应,从而愉悦身心,延年益寿,从结果上来看,侧重于"防"。

3. 药物养生

即通过药物调节人的生命体自身内部保持平衡以及人的生命体与自然和社会的外部环境保持平衡,从结果上来看,侧重于"治"。

根据中国传统养生的流派,按其文化特点划分,养生也可分为:儒家养生派、道家养生派、道教养生派、释家养生派、医家养生派等。

第三节　传统体育养生的概念

在人类同大自然搏斗以赢得生存的过程中,逐渐孕育了传统体育养生。《吕氏春秋》中记载:"阴康氏时,水渎不疏,江不行其源,阴凝而郁闷,人既郁于内,腠理滞着而多重腿,得以利其关节者乃制为之舞,教人引舞以利导之,是谓大舞。"在我国的传说中"阴康氏"部落的先民由于生活在潮湿的自然环境之中,加上劳动繁重,所以不少人得了"关节不利"的毛病。为了对付这种疾病,"阴康氏"部落的先民发明了一种"摔筋骨、动支节"的养生方法是谓大舞,而所谓"大舞",实际上就是一种类似于导引的养生方法。其基本作用是宣达腠理、通利关节,达到散瘀消积、保持健康的目的。

我国传统体育养生在历代医学家、养生家和人民群众实践的基础上,逐步形成了自己独特的理论体系,成为中国传统养生的重要组成部分。传统体育养生是通过人体自身的姿势调整、呼吸锻炼、意念控制,使身心融为一体,达到增强人体各部分机能,诱导和启发人体内在潜力,起到防病、治病、益智、延年的作用。

传统体育养生是体育运动的一部分,它具有一般体育所具有的本质。即以身体运动为基本手段促进人们身心健康发展,提高人们的生活质量和生命质量。传统体育养生强调通过人体自身的运动练习,有意识地进行自我心理和生理活动的控制,达到健体养生和祛病延年的目的。它与一般的体育运动有所不区别,体育运动除了有增强体质的要求外,还注重竞争性和对抗性,如跳远时要求跳得远,举重时则要求举得重,体操动作追求"高、难、美、新",散打等搏击项目对抗更为激烈。这些运动常以追求发挥人体的生理极限为目的,追求人体外在的强壮和健美。传统体育养生则侧重通过人体内部的运动,调整人体内部机能,锻炼时的动作要求柔和、缓慢、均匀,这种运动方式能有效地防止和避免剧烈运动给身体造成的损伤,其重视人体内部运动,调整人体内部机能,不追求短期内的激烈运动和外在的变化,而是通过姿势、呼吸、意念的整体锻炼,逐步调整生理和心理功能,加强对机体的健康效应。因此,传统体育养生是一项适合各种年龄层面人群活动的健身体育项目,尤其适合体质弱者和慢性病患者。如2004年国家体育总局组织创编的健身气功五禽戏、易筋经等,它们是在古代养生理论的指导下改编的运动项目,也属于传统体育养生的范畴。

传统体育养生随着人们在生产劳动和与疾病作斗争中的认识,以及我国朴素的哲学思想和各种自然科学的指导与影响,逐步形成了具有中国特色的养生理论和方法。

第四节　传统体育养生的内容及分类

传统体育养生的内容繁多,涉及体育、导引术、行气术、武术、中医、推拿术、针灸术等方面,分类也是多种多样的。中国传统体育养生不仅是一种养生保健的观念,更折射出的是中国传统文化的根,是在中国传统文化下孕育而成的各养生流派思想观的总结。

各养生流派都有一套自己的养生理论及养生手段,其养生的内容手段涉及方方面面,从生活的调理,到身心的养颐,各成系统又联为一体,体现出从物质到精神的一种逻辑建构。虽然各养生流派主修、主养的最终目的有所差异、各存精要,在养生内容手段上各有侧重,但其保养身心的目的,却可谓不谋而合。

按照流派的分类方法,很多项目分类不明确,有些专家学者根据动作性质不同把养生功法分为导引和武术两部分。

一　导引

我国古代的"导引",历史悠久,源远流长,是中华民族医学、保健学以及养生学的重要组成部分,是我国劳动人民同大自然和自身疾病作斗争的产物。导引这一术语,最早见于先秦典籍《庄子·刻意》中:"吹呴呼吸,吐故纳新,熊经鸟伸,为寿而已矣。此导引之士,养形之人,彭祖寿考者之所好也。"我国第一部医学典籍《黄帝内经》指出:"中央者,其地平以湿,天地所以生万物也众,其民食杂而不劳,故其病多痿厥寒热,其治宜导引按跷,故导引按跷者,亦从中央出也。"根据古人的解释,"导",有疏导、通导的意思,是指导气。"引"有引申、引导的意思,是指引体。而《庄子·刻意》中提到:"导气令和,引体令柔。"可以理解为导引就是把人们日常生活中的呼吸，疏导成细、匀、深、长的腹式呼吸，以使人的四肢锻炼得柔韧结实。而导引当中的导气和引体又大多是在意念的引导下完成的，因此可以说，导引就是呼吸运动、意念活动和肢体运动三者相结合的一种祛病健身功法。

导引术起源于上古，原为古代的一种养生术，早在春秋战国时期就已非常流行，为当时神仙家与医家所重视。后被道教承袭作为修炼方法之一，并使之更为精密，使"真气"按照一定的循行途径和次序进行周流。道教将其继承发展，以导引为炼身的重要方法，认为它有调营卫、消水谷、除风邪、益血气、疗百病以至延年益寿的功效。道教根据古人所谓"流水不腐，户枢不蠹"的道理，认为人体也应适当运动，通过运动，可以帮助消化，通利关节，促进血液循环，达到祛病延年的目的，因此，导引亦作"道引"。常与服气、存思、咽津、自我按摩等相配合进行。俗称医疗保健体操，又有俗称肢体导引为外导引，内气运行为内导引。

如今，"气功"一词在养生中被广泛运用。气功是我国古代劳动人民在长期的生活、劳动中，在与疾病和衰老作斗争的过程中，逐渐认识和创造的一项自我身心锻炼的方法和理论。气功锻炼的实质是锻炼真气，培育元气扶植正气，所以它能扶正祛邪，增强人体的免疫力和抵抗力。气功锻炼要求放松、安静、自然和排除杂念。医学研究证明通过气功锻炼能缓冲大脑对外界的应激性反应，消除紧张情绪，使人处于一种松弛反应状态，对大脑皮层起到保护性的抑制作用。气功锻炼能降低基础代谢，对腹腔起到按摩作用，从而增进了食欲，提高了消化吸收功能。气功锻炼还能发挥人体潜力，调动自身的积极因素，并起着自我控制作用。由此可见，"气功"侧重于人体对"气"的锻炼，以引气为主，具有宣导气血的作用；而"导引"包含呼吸运动、意念活动和肢体运动，以导体为主，配合气血的运行，具有舒筋活络的功效。因此，气功可归为导引的一种健身养生方法。

随着时代的发展，导引功法的流派日益增多，内容更为丰富，根据功法锻炼时的主要特点，按照导引锻炼的调身、调息、调心三要素，基本可分为三大类：练功时身体姿势处于相对安静状态，以调心、调息为主，不断加强意念对自身控制能力的功法，属于静功；练功时以多变的肢体运动形式为特点，调身、调心为主，通过身体姿势变化对气机运行影响的功法，属于动功；运用自身按摩、拍击等锻炼方法，达到疏通经络、调和气血、增进健康的功法，属于保健功。

（一）静功

静功，就是指在练功过程中练功者的形体和位置基本保持不动，并结合意念运用和呼吸调整，以达到锻炼身体内部机能为目的的导引功法。静功锻炼，主要采取坐、卧、站等静的身体姿势，无论采取哪一种姿势，都要做到全身稳定、内部舒松、避免僵直和松垮，并结合意念的集中和各种呼吸方法的锻炼，来达到增强体质，治疗疾病的目的。这种姿势的锻炼、呼吸的锻炼、意念的锻炼，古人也称为"调身""调

息""调心"。三者锻炼是不可分割,互相影响,又互相促进的。按照对调心锻炼和调息锻炼的侧重,静功又可分为以下两类:

1. 以锻炼呼吸为主的静功

该类功法强调以锻炼腹式呼吸为主,其方法有:顺腹式呼吸法、逆腹式呼吸法、停闭呼吸法、丹田呼吸法、胎息法和六字诀吐纳法等。通过呼吸锻炼来调动人体的内气,使之逐步聚集、储存于身体某一部位,并循经络路线进行以疏通经络气血。

2. 以锻炼意念为主的静功

其方法有:意守身体某一部位或体外某一事物为过渡,使思想逐渐入静,以达到静、松、空的境界;意守体内体外的意境,自我诱导进入一种入静、放松的境界,以意识引导"真气"在人体内经络运转周身,来锻炼人体内部真气。放松功、坐禅和周天功属此类功法。

(二)动功

动功是与静功相对而言的。其通过练功各肢体的不断运动变化,意气相随,起到体内气血畅通,舒筋活络的作用。根据"流水不腐,户枢不蠹,动也,形气亦然,形不动则精不流,精不流则气郁"和"动摇则谷气消,血脉流通,病不得生,譬如户枢不朽也"的指导思想,养生家创造了许多动功功法。这些功法一般具有松静自然、柔和均匀、意气相随、动静相兼等特点,其动作大致包括肢体部分的伸屈、转动、仰俯等活动,并按一定的规律,有节奏的运动,能促使全身气血流通,各部分关节灵活和筋骨强健,全面增强体质。在呼吸锻炼上,有的动功功法强调呼吸和动作协调地配合一致,一般当动作是开、伸、起、收时,配以吸气;合、屈、落、出时配以呼气。动功锻炼,既要求在思想安静状态下进行,又要求动作和意念相结合,精神贯注,思想集中到每个动作上去。对强调配合呼吸锻炼的动功,更要掌握每一次呼吸,使其恰到好处,有助于动作和意念的结合。动功锻炼可达到"外练筋、骨、皮,内练精、气、神"的作用。按照动功锻炼外练和内练的侧重,动功又可分为以下两类:

1. 以内练为主的动功

这类功法,肢体运动顺其自然,注重意念的调节和呼吸的锻炼,以此达到疏通经络,调和气血,平衡阴阳,调整脏腑的功能。锻炼时显得轻松、柔和、缓慢;精神集中,专心致志;心平气和,呼吸自然,气沉丹田;以意为主,力由意生,劲出自然,不使拙力,但要有内在的遒劲。如仿生养生术是以模仿动物运动形态、特征为主的养生功法,要求像其形,会其意的"五禽戏""大雁功""龟蛇功"和身心并练,内外兼修,通过调气血、通经脉、健脏腑来达到防病治病、延年益寿的八段锦、十二段锦等,均具有这些特点。

2. 以外练为主的动功

这类功法,比较注重肢体的运动,活动幅度较大,有时还伴有发力动作,以利肌肉、关节、筋骨的牵拉，能发展肌肉力量，利滑关节，增强韧带的弹性。动作刚柔相济，相互转化，刚中有柔，柔中见刚，不拘不僵，通过影响到不同部位肌肉的紧张和负重力大小，调节血液循环。从而使循环血量再分配，促进机体内部气机运行，改善脏腑和经络的机能活动。易筋经、少林强壮功属于这类功法。

（三）保健功

保健功是导引中的一种辅助功法，强调运用简单的手法，通过自己的双手或器具在体表某些部位或全身进行按摩、点穴、拍打，以达到防病养年或减轻某些疾病症状的目的，既可用于治疗，也可用于保健。它的练功方法有：耳功、叩齿、舌功、漱津、擦鼻、目功、擦面、项功、揉肩、擦胸、浴手等。保健功是通过自身按摩拍击来进行锻炼的功法，在锻炼的数量和力度上，要因人而异，以感到舒适、轻松为度。保健功不但适宜老年人和体弱者，而且是当代人在工作劳累闲暇之余，自我保健的最佳手段。保健功主要包括自我按摩法和自我拍击法。按摩法简便易行，不受时间、场所限制。若按摩得法，除感到被按摩部位和周围具有温暖舒适的感觉外，也给全身带来一种轻松愉快、舒适的感觉。这种按摩是营养性的，而不是消耗性的，具有流通气血的作用，按摩后往往自感消除疲劳、精力充沛。如"头部按摩术""背部按摩术""全身按摩术"等。

传统体育养生中导引的保健功很多，经常使用的功法有以下两种：

1. 自我按摩法

按摩法在古代归属于导引，多与其他功法结合练习，故也称导引按摩。主要练功方法有耳功、舌功、目功、叩齿、浴面、揉肩等。常用的手法有点、推、拿、揉、捏、按、压等。自我按摩时，既可重点按摩某一部位，也可全身按摩。

2. 自我拍击法

自我拍击法，即用手或器具有节奏的拍打身体的某一部分，以对机体产生震动刺激，消除疲劳、疏通经络、调和气血。这一类手法较为简单，但需注意拍击时应根据需要，力度适当，刚柔相济，前臂协调动作，保持一定的平稳性和节奏感，以增加拍打的弹性，使力量很好的渗透，获得较好的效果。

二 武术

中国武术的起源可以追溯到原始社会。当时的人类用棍棒等工具与野兽搏斗，逐渐积累了一些攻防经验。而商代出现的田猎更被视为武术训练的重要手段。

武术是中国传统文化的重要一环，是中国民族体育的主要内容之一，是几千年来中国人民用以锻炼身体和自卫的一种方法。两广人称为功夫，民国初期简称为国术（后为中央国术馆正式采用之名称），又因被视为中国汉文化之精粹，故又称国粹。中国武术主要内容包括搏击技巧、格斗手法、攻防策略和武器使用等技术。当中又分为理论和实践两个范畴。从实践中带来了有关体育、健身和汉族武术独有之气功及养生等重要功能。特别是在当代,武术运动已经成为许多人强身健体、延年益寿首选的锻炼方法。把武术运动用于保健养生,在我国也有着悠久的历史,特别是像太极拳这样节奏缓慢、动作柔和的武术运动,更是人们首选的养生项目。在锻炼武术的同时使人体各部位得到全面的发展,这是武术运动显著的特点,因为无论是包含踢、打、摔、拿的拳术,还是击、刺、劈、格的器械,每个套路中都包含着不同的动作,既有快速的劈击,又有柔缓的划抹;既有前吐后吞,也有左旋右转;既有腾空高跃,又有贴地穿盘。这些丰富的动作,对人体的影响是多方面的,自然对人体的锻炼功能也是多方面的。

中华武术博大精深,内容丰富,流派众多,按照其运动形式和技法特征的不同,主要可分为套路运动、格斗运动和功法运动。涉及传统体育养生方面的内容主要有套路运动和功法。

(一)套路运动

传统武术套路是在中国传统文化的基础上,不断吸收其营养,逐步形成和发展起来的。传统武术套路练习时要求内外兼修,形神兼备,注重人体的"整体发展观"是其运动形式的特色之处。传统体育套路中的"一拳一脚、一张一弛"的单个动作练习中,要求灵活多变,形式多样,"缓急、轻重、动静、刚柔"等的练习形式,形成了独特的项目特点,也使得武术养生的功能和价值凸现出来。从现代科学上来说,其注重人体全面身体素质的发展,包括力量、耐力、速度、灵敏柔韧等多个方面。武术套路的练习不但强调外练,最重要的是对人体内在的神经和脏腑有良好、积极的作用。武术要求炼精化气,炼气化神,炼神还虚,也就是武术套路中常说的"外炼筋骨皮,内炼精气神"。这种特殊的运动形式,使得人们的健康长寿得以保证。

养生健身是武术的价值功能之一。人们习武练武,不仅是获得一种自卫防身的手段与方法,也是为了健身强体、延年益寿。武术在其发展中受到了中国传统养生文化的极大影响,传统养生理论和方法与武术相互融摄,形成了武术的炼养观。在传统武术理论中,"气"占有重要地位,"气"被视为武术的本根,武术的种种外在形态和神韵,均是"气"的演化与体现。"武之主于气也"(清·宋茂源《苌乃周二十四气拳谱序》)。武术将人作为一个整体来修炼,认为人是小宇宙,天地自然是一个大宇宙,人与宇宙自然是同构的。在练功实践中以攻防动作作为结构,以刚柔、动静、虚实、开合等为运动规律,以人身小天地来体察、探索自然大世界之究竟,在物我交融的拳械运动中,实现人体自我身心内外的和谐与统一、人与自然的和谐统一。

传统武术养生是以阴阳作为理论构架的,把阴阳作为"道"来认识,"手战之道,亦有阴阳,开门闭户,阴衰阳兴"(《吴越春秋·勾践阴谋外传》)。阴阳变化是拳道的规律,"若不明阴阳,则无变化之妙"(《拳经拳法备要·二则》)。阴阳变化是太极拳等养生拳的基本原理,"太极行功,功在调和阴阳""在动静之中寻太极三益,于八卦五行之中求生克之理"。阴平阳秘是武术养生家追求的最佳状态,武术内功锻炼,就是采用不同的手段和方法,促使人体内部阴阳平衡、调和、健康长寿。前面提到的武术套路练习时要求"内外兼修"的显著特点,是中国传统的精气神论、经络原理融摄于武术之中,构成武术理论的内涵,并发展成为"内炼精气神,外炼筋骨皮""内外兼修""形神合一"的武术炼养理论。武术养生重视内炼精气,导引形体,讲究动静结合、内外结合、炼养结合、形神结合,使武术由技击之术的单一功能向养生之术、健身之术、修身之术演化,形成具有健身功能涵义的融技击与养生为一体的活动,成为中国武术文化的重要组成部分。

根据套路的运动形式和风格特点,可以分为以下四类:

1. 拳术套路

是指徒手练习形式。主要有太极拳、苌家拳、八卦掌、八极拳、少林拳、形意拳等一百多个拳种,可见其内容丰富,不同的拳种有着不同的风格特点,但其理相通,性质可谓趋同。

2. 器械套路

是指运用器械的练习形式。器械套路的种类也很多,可分为短、长、双、软器械等。短器械主要有刀、剑、铜、匕首等。长器械主要有枪、棍、大刀等。双器械主要有双刀、双剑、双枪等。软器械主要有九节鞭、三节棍、绳鞭、流星锤等。

3. 对练套路

对练套路是两人或两人以上,按照预定的程序进行的攻防格斗套路。其中包括徒手对练,器械对练,徒手与器械对练等三种练法。

(1)徒手对练:是运用踢、打、摔、拿等方法,按照进攻、防守、还击的运动规律编成的拳术对练套路,有时打拳、对擒拿、南拳对练、形意拳对练等。

(2)器械对练:是以器械的劈、砍、击、刺等技击方法组成的对练套路,主要有长器械对练、短器械对练、长与短对练、单与双对练、单与软对练、双与软对练等多种形式,常见的有单刀进枪、三节棍进棍、双匕首进枪、对刺剑等。

(3)徒手与器械对练:是一方空手,另一方持器械进行的攻防对练套路,如空手夺刀、空手夺棍、空手进双枪等。

4. 集体演练

集体演练是集体进行的徒手、器械或徒手与器械的演练。在竞赛中通常要求六人以上,可变换队形,图案,也可用音乐伴奏,要求队形整齐、动作协调一致。比如集体太极拳、集体太极剑等。集体演练分为徒手的拳术、器械或徒手与器械。

(二)功法运动

武术功法是为提高人体某一练习能力而专门进行的套路程式运动,具有健体养生，以及增强技击能力等作用。主要特点为以个人单独练习为主要形式，动作单一性和重复性比较明显。练习时遵循循序渐进的原则，逐步增加难度。用于养生的功法主要有柔功和内功。

1. 柔功

柔功是锻炼提高人体素质的基本手段，是追求武术高境界的重要练习形式。主要以提高肌肉、韧带的韧性和弹性，增强关节的灵活性和稳定性，发展速度、力量、协调和控制能力，从而达到强筋壮骨、疏通经络、调和气血的功效。随着武术套路技术的发展，柔功是提高动作规范和演练艺术性的重要练习基础。柔功逐步形成了一套由浅入深，较为完善的系统练习方法。主要有肩部功法、腰部功法、腿部功法，都有其明确的训练目的。

肩部功法，主要用于增进肩关节的柔韧性和加大肩关节活动幅度，发展力量，提高上肢的敏捷、松长、舒展、环转能力。主要练习方法有压肩、绕环、抡臂等。

腰部功法，主要用于增大腰部的活动范围，发展力量，提高柔韧性、灵活性和协调性，是提高演练艺术性的关键。主要的练习方法有压腿、搬腿和踢腿等。

2. 内功

内功是以练气养气为基本形式，通过以气助势、以气助力、以气养生的修炼，达到内外兼修、内强外壮、增强武术功力、发展技能的目的。内功是武术技法与古代气功相结合的产物，伴随着武术攻防技术的产生而产生发展，并逐步完善。按照内功在武术健身作用中的表现形式，可分为外壮类和内养类两种。两类内功虽然在意念运用、效果表现和练习形式上有所区别，但坚持锻炼都能达到健身强体的目的。

（1）外壮类内功：是一种采用以意领气、以气运身、以身催力为基本锻炼手段的练习形式，是为增强身体的运动素质，达到意与气合、气与力合、内外合一、劲力齐整的目的。外壮类内功的练习形式可动可静，追求呼吸和劲力与意念相配合。少林强壮功就是典型的外壮类内功。

（2）内养类内功：是为了培本筑基，强身健体而进行的锻炼。练功形式分为动式和静式两种，不管采用何种形式，都强调精神与肢体的放松、意念的专注、对某一部位的意守与呼吸的细匀深长，并以此调理脏腑、疏通经络、强健体质。太极桩功、养生太极棒等都是群众喜闻乐见的武术内养类内功。

第五节　传统体育养生功法的特点

一、强调气息的配合

传统体育养生功法锻炼的始终，一直贯穿着如何进行"行气"，强调气息与动作的密切配合。以意领气,以气运身。依靠"气"在人体内升降出入,对人体内脏器官进行濡养、按摩,从而达到养生延年的作用。行气术由来已久,从春秋战国起,就有了"行气",现在仍然保存的战国时期的出土文物"行气铭"就是当时已有"行气"的物证。两汉时期,由于黄老学说和道教的广泛流行,以及佛教的传入,有了较快的普及和提高,到唐代以后,除导引等行气术继续单独存在外,"气"又进入了武艺领域,许多武艺家兼练"行气"。历史实践证明,"行气"是贯穿于几千年来中国传统体育的一个最突出的特点,尤其是养生术,以行气的运动方式来按摩、濡养人体的五脏六腑,再加上合理的肢体运动配合,达到治疗和预防疾病的作用,使其延年益寿。

二 注重肢体、经络的运动

通常意义上的体育运动是指肢体运动。传统体育养生是在肢体运动中强调"快从慢里练,动从静中练"。讲究以柔克刚,以静制动。同时,还要求在松静的状态下,加上呼吸和意念的配合。据有关研究表明,习练传统体育养生功法者心跳和呼吸虽然变慢了,但血液中氧气含量却成倍地增加。练功者在练功过程中,虽然没有长时间的大强度练习,但身体全部或局部均能感到温热鼓荡,有时会出现流汗的情况。这些都是体内血液和经络循环得到改善和加强的表现。传统体育养生功法旨在通过调养精神和形体来增强体质,提高防病能力,保持健康状况,既是一种积极的锻炼,也是一种主动的休息,它与西方现代竞技体育在功能上存在着极大差别。

三 强调整体观

整体观是中医理论的指导思想,同样适用于传统体育养生功法。"天地一体""五脏一体""天人相应"等理论认为:宇宙是一整体,人体五脏也是一整体。人生活在宇宙之中,与天地相应;在人的生命活动中,其生理变化与大自然的整个运动都联系在一起。自然界的运动变化常常直接影响着人体,而人体受自然界的影响也必然相应地产生生理或病理上的反映,因此人必须善于掌握自然界的变化,必须从天地之和。历代养生家在着重修炼自身精、气、神的同时,强调"法于阴阳""顺应四时""起居有常",告诫人们"虚邪贼风,避之有时"。只有这样,才能较好地进行守神、调息、形体的锻炼,达到强身治病、延年益寿的目的。

传统体育养生功法的作用并不在于发展身体某部分机能或治疗某疾病,而是通过调身、调息、调心的综合锻炼,达到调整中枢神经系统,增强机体抵抗和适应的能力,从而改善整个机体的功能。以气功、静功中松、静、守、息四项主要锻炼内容来说,松弛机体、宁静思想、意守丹田、调整气息,都是整体锻炼的方法。通过这些锻炼,人的睡眠改善,食欲增加,精力充沛,身体内部的正气逐渐旺盛。不少体弱或有病的人,就是在身体内部力量逐渐充实的基础上摆脱的病理状态,增强了体质,提高了抵御疾病的能力。有的人在治疗某种慢性病的同时，其他疾病也随之减轻或治愈，这无疑与传统体育养生的整体作用是分不开的。

四　注重道德修养的培养

传统体育养生学的另一个显著特点是它始终与伦理道德并行不悖。早在商周时期，人们把体育作为伦理道德的一个部分。如"射箭""投壶"就作为"礼"的内容之一。春秋战国时期是传统伦理道德形成的时期，并且深受儒家伦理思想的影响，以"仁"为核心的伦理体系，以"兼相爱""交相利"的理想人格，以"善、信、美、大、圣"等道德观为指导思想，是中华传统体育具有注重道德修养的特性。

中华传统体育中最具有代表性的武术在道德修养方面最具有时代的特征。由于武术运动具有搏击、健身、修身、养性等特点，因此，在伦理思想——武德规范方面作出严格的要求。

"艺无德不立""习武先修德"，中国众多的养生术中开章明义几乎无一例外地阐明道德是安身习艺之本。这种道德的要求在实践中起到了积极的作用。如"一身动则一身强，一家动则一家强，一国动则一国强，天下动则天下强。"将修身的伦理道德上升到国家的兴亡高度来认识。

由此可见，中国伦理与传统体育的关系源远流长，注重道德的修养是民族体育区别于西方体育的显著标志之一，也是中国"仁义之国，礼仪之邦"的缩影。

五　具有广泛的适应性

传统保健体育功法不仅锻炼价值高，内容丰富、形式多样，而且各自有着不同的动作结构、技术要求、风格特点和运动量，可以不受年龄、性别、体质、时间、季节、场地和器械的限制。因此，人们可以根据自己的需要和条件，选择合适的项目进行锻炼，这十分有利于传统保健体育项目的普及开展。通过锻炼，人们提高了防病治病的能力，增强了体质，增进了健康。

第六节　传统体育养生功法习练的基本原则和要领

一　传统体育养生功法习练的基本原则

掌握练功基本原则有利于提高练功质量，消除在练功中所产生的一些不必要的疑虑，避免不良反应，使练功能沿着正确的轨道顺利发展，以期取得良好的效果。因此，在传统体育养生功法习练中要贯彻练功基本原则，实施科学化练功，以获得最佳习练效果。传统体育养生功法习练的基本原则，是习练传统体育养生功法的人们在长期锻炼过程中不断摸索、长期实践、多年积累的经验的概括总结,是遵循客观规律的科学化的原则。

(一)身心放松,清静养神

身心放松是习练传统体育养生功法取得成效的必要条件之一。所谓放松,就是在保持稳定姿势的情况下,或在缓慢的动作过程中,习练者运用自我调节的方法,使全身上下、左右,包括脏腑、神经等全部都放松,从而使内气在周身经络通畅运行。身心放松,是指在体育养生锻炼的操作过程中,必须做到身体放松和情绪安定,并贯穿于练功的不同阶段、不同层次的全部过程中,要避免紧张,排除杂念,保持宁静。

身心放松,本身就是一种积极的锻炼,绝不是消极的松散无力,而是一种紧张得到解除,松紧处于平衡的状态,有利于机体内气血的自然循环,能量代谢率降低,储能反应状态增强,交感和副交感神经的协调能力增大,并且进一步疏通经络。同时,利于减少内、外环境对大脑皮层的干扰,诱导大脑入静,进入身心放松状态。

我国传统养生家认为"神"为身体主宰,统帅五脏六腑。在运动方法上强调清静养神,指练功时保持情绪的安静,排除杂念,思维活动相对单一化。这样对于大脑皮层起着主导性抑制作用,能进一步调整和恢复神经系统的功能,从而提高全身各组织器官的机能,起到对身心健康有益的作用。这里的"静"也有指内部环境的静与外界环境的静两个方面,练功者要正确处理"内静"与"外静"的关系。首先是身心静,也就是所说的先内静,因身静不如心静,只有心静,方能内静,方以排除外来干扰。

内外环境的平静利于相对集中注意力练习。只有精神放松,"气"才柔和,所谓"清净自正""心为君主之官",心正五脏六腑才能归正。老子说:"专气致柔",列子说:"常胜之道曰柔",就是要求练功者心情保持平静,不可烦躁激动,否则,心不静则精神自然相对紧张。

(二)练养结合

练养结合,是指练功和自我调养结合起来。练与养,是练功过程中两种不同的状态。"练"是指关于练功的功法选择、练功强度及练功环境。在功法选择上,要依据身体状况选择相应的功法习练;练功时要有意识地调整身体、调整呼吸、集中注意、排除杂念,并根据自身体力情况适度练习,不可超强练习;练功的环境选择,要以利于入静。在注重练养结合的同时要顺应自然,既要顺乎自然界的阴阳变化以护养调摄,也要顺应自然以养生,练功时,应注意四时环境的变化。

(三)循序渐进

传统体育养生功法动作练习时由简到繁,循序渐进,不骄不躁,动作做到规范才能确保较好的功效。首先意念、呼吸、动作的训练要相互协调。在动作基本掌握时，应配合匀、细、绵、长等流畅自如的呼吸，之后逐步加上意念的引导。其次，功效显现要有循序渐进的思想准备。功法练习时要保持良好稳定的心态，不要急于追求功效，反而影响气血的运行，达不到养生保健的目的。最后应根据自身的具体情况安排练习的时间和强度。在遵循以上几点练习要领的同时，要把功法练习作为自身生活方式的一部分，持之以恒，才能达到事半功倍的功效。

二 传统体育养生功法习练的基本要领

传统体育功法的锻炼方法繁多，形式多样，但练习时基本要领相同，主要有身形中正（调身）、呼吸深长细匀（调气）和心神安静（调心）三大基本要领，三者之间相互依存、相互制约。调身是基础，调气是中介，调心主导调身和调气。

（一）身形中正——调身

身体中正的要领在于调身。所谓调身，就是有目的地把自己的形体保持在动态的平衡状态之下，从行功法理上说，不偏不倚是行功方法。做到了不偏不倚，结果显现为身形中正，两者互为因果。只有做到身形中正，气血自然贯通上下。此理可比诵经的人，虽然终日偃坐，却也可得身心舒畅之功。这是因为：凡经中文字但能发音正确，皆会产生不同波动，从而产生疏通气血的功效。所谓的立身中正并不是一直保持中正的平衡状态，而是在运动中通过改变身体的不同形态，配合呼吸和意识，使身体达到一种在最不舒服的形态下能使气血疏通自如的能力。

（二）呼吸深长细匀——调气

呼吸深长匀细指的是调气，是指在功法练习过程中气的呼吸要缓慢匀称。通过特定的身形或动作及意念的配合，使人的元气充盈，从而达到内气鼓荡，气血通畅。所谓练呼吸调气，即通过控制修炼，以达到培育人身正气、清心安神和安定情绪的目的。调控呼吸方法有很多种，大致分为以下几种类型：

（1）自然内呼吸法：包括胸式、腹式呼吸及混合呼吸。

（2）腹式呼吸法：包括顺腹式、逆腹式潜呼吸和脐呼吸。

（3）提肛呼吸法。

（4）鼻息、鼻呼口吸和鼻吸口呼法。

（5）练呼与练吸法。

（6）吐字呼吸法：有发声与不发声之分。

（7）数息和随息法。

（8）意呼吸法。

（三）心神安静——调心

调心，主要是通过意识来调节精神、思维状态，从而达到思维敏捷、反应灵活、气血通畅，最终达到健身目的。

意识、意念的调整称为调心，这里的心，不单纯指心脏，而是指古代养生理论认为的由"心"支配的体内意识和体外意识。调心的目的是训练大脑思维对外界的反应，并且这个反应是无意识的，如练习养生功的入静，就是为了提高对外界刺激的抵抗能力。

调心主要有以下四种方法：

（1）意识放松法：主动地以意识引导身体各个部位放松，并使思想相对集中，以解除身心紧张状态。

（2）注意意念法：默念字句，化杂念为正念，这是集中思想常用的方法。

（3）意想数息法：默数自己的呼吸，有数息和随息两种。

（4）排除杂念法：排除各种思想杂念与干扰，集中注意力。

第二章 传统体育养生发展简史

第一节 先秦时期——传统体育养生的萌芽期

民族传统体育养生源远流长,古人就知道以舞蹈、导引的方法活动筋骨,以达到健身祛病的目的,并在生产活动、生产实践中不断积累经验,为后来的养生理论和实践打下了基础。我国考古工作者在青海省大通县发掘了一批距今约五千年的新石器时代墓葬,出土的文件中有件属于马家窑文化的舞蹈纹彩陶盆(图2-1),彩绘主题是三组舞蹈动作画面,形象逼真,这为我国古代体育养生术的起源提供了有力的证据。

图2-1 舞蹈纹彩陶盆

中国古代的养生术与古代医学和哲学的发展关系极大。夏商西周时我国的养生思想便开始出现,春秋战国时期至西汉社会发生了巨大的变化,表现在医学与哲学结合,引入了阴阳五行、精气神等哲学概念,形成了独特的中医理论。由于道家的宗旨之一,是追求长生不老,许多道士便通过养生、避世、寡欲等方式以求延年益寿,这些道士以医学家、养生家为主,在体育养生学初期的形成与发展的中起着巨大的推动作用。道家提出"精、气、神"等基本概念,认为精气是构成万物的要素,万物的生成与毁灭,都是由于"气"的凝聚或消散的缘故。"人之生,气之聚也。聚则为生,散则为死。"(《庄子·知北游》)这为体育养生理论的创立奠定了理论基础。

成书于春秋战国时期的《黄帝内经》,包含了古代生理学、医学、养生等方面的知识。《黄帝内经》对人体生、长、壮、老每一时期的生理特点和发展规律都作了经验性概括,《灵枢·天年篇》把人的生长发育衰老分十个阶段,每个阶段为十年,其谓:"人生十岁,五脏始定,血气已通,其气在下,故好走;二十岁,血气始盛肌肉方长,故好趋;三十岁,五脏大定,肌肉坚固,血脉盛满,故好步;四十岁,五脏六腑十二经脉,皆大盛以平定,腠理始疏,荣华颓落,发颇斑白,平盛不摇,故好坐;五十岁,肝气始衰,肝叶始薄,胆汁始减,目始不明;六十岁,心气始衰,若忧悲,血气懈惰,故好卧;七十岁,脾气虚,皮肤枯;八十岁,肺气衰,魄离,故言善误;九十岁,肾气焦,四脏经脉空虚;百岁,五脏皆虚,神气皆去,形骸独居而终矣。"在养生方面《黄帝内经》中首次建立较为完整的经络学说,系统地论述了十二经脉的循行部位、属络脏腑,以及十二经脉发生病变时的症候;记载了十二经别、别络、经筋、皮部等的内容;对奇经八脉也有分散的论述;并且记载了约160个穴位的名称。这些均属于导引练功、治病、养生的理论基础。此外,据专家考证,一九七五年在长沙马王堆发掘时,发现两千五百年前藩王的墓葬中,已经把《行气玉佩铭》(图2-2)作为重要的伴葬品。此器十二面中,每面自上而下阴文篆刻三字,有重文符号,共计四十五字,记述了"行气"的要领,是我国目前发现的有关导引的最早记录,也是中国古代医学理论较早的文献记载。

图2-2　行气玉佩铭

铭文经郭沫若考释为:"行气,深则蓄,蓄则伸,伸则下,下则定,定则固,固则萌,萌则长,长则退,退则天。天几春在上,地几春在下。顺则生,逆则死。"

从现存文献中我们可以发现,先秦诸子在研究自然规律和生命奥秘中提出的养生思想、原则和方法,推动了传统体育养生学基本理论的形成。

第二节 秦汉至隋唐时期——传统体育养生的繁盛期

秦汉时期体育养生有了进一步的发展。秦汉时期的主要医学家、养生家等,在总结先秦产生的各种思想学说的基础上,结合社会发展状况,进一步丰富和完善了体育养生的实践性理论,同时各种医学、养生文献纷纷呈现,主要有《却谷食气篇》《阴阳十一脉灸经》和在长沙马王堆出土的帛画《导引图》(图2-3)等,传统体育养生迎来了发展的繁盛时期。

图2-3 马王堆导引图

体育养生实践性理论主要是华佗的《五禽戏》。华佗(141～208),汉代医学家,主张通过锻炼身体来增强体质,提出:"人体欲得劳动,但不当使极而。动摇则谷气得消,血脉流通,病不得生,譬犹户枢不朽是也。是以古之仙者,为导引之事,熊经鸱顾,引挽腰体,动诸关节,以求难老。"华佗在继承前人导引术的基础上,结合运气、吐纳等方法,创编了简便易行的"五禽戏",五禽指虎、鹿、熊、猿、鸟。五禽戏具有外练筋、骨、皮,内练精、气、神,通血脉,固腰健胃的功效。

三国两晋南北朝时期,著名养生家嵇康、葛洪、张湛、陶弘景等的养生实践和理论总结,促进体育养生学较快地发展。嵇康(223～262),字叔夜,谯国铚(今安徽宿县西南)人。"竹林七贤"之一,常修养性服食之道,著《养生篇》三卷,已佚。传世《嵇康集》辑本中有《养生论》《答难养主论》《答难宅无吉凶摄生论》等篇专论养生,其养生主旨为"清虚静泰,少私寡欲",这是嵇氏清谈"玄学"思想在养生方面的反映。嵇康继承了老庄的养生思想,且在实践理论方面颇有心得,他的《养生论》是中国养生学史上第一篇较全面、较系统的养生专论。后世养生大家如陶弘景、孙思邈等对他的养生思想都有借鉴。

葛洪在《抱朴子·内篇》中总结了前人养生经验和方法,指出养生应在无病、年轻之时就开始,并提出"养生以不伤本"的观点,不伤即养,具体提出近30个"不",如"冬不欲极温,夏不欲穷凉""不欲极讥而食,食不过饱""不欲多睡""目不久视"等,涉及四时寒热、饮食宜忌、坐卧行逸等方面,目的在于告诫人们在日常生活中注意预防,以不伤人体正气为养生根本出发点,所谓"养其气所以全其身"。书中还谈到龙导、虎引等导引术以及"坚齿""明目""聪耳""胎息"等功法,其中"胎息""坚齿"的论述在导引史上尚属首次,对后世影响很大。他的养生主张和养生方法,一直受到后人的借鉴和继承。如唐代孙思邈《千金方》在论述养生问题时,其思想渊源与《抱朴子》有密切关系,而他的行气理论与方法同导引理论与导引术是对传统导引的一种革新,有利于导引的普及和发展。

师承葛洪养生术的梁代著名医家陶弘景(452~536),推崇道家养生思想,好武术、导引。他著有《养性延命录》,这是我国历史上第一部对导引资料进行整理的辑录专辑,书中提出的静功"六字气诀"的行气吐纳方法,是现今最早载述华佗五禽戏具体方法的文献。

隋唐时期是我国导引按摩术发展的鼎盛时期。隋朝时的医学家巢元方主持编辑了《诸病源候论》,载有吐纳导引方法260余种,根据不同疾病,施以不同的导引方法,这为后代医学家广泛应用导引治病开拓了道路。孙思邈(约581~682),唐代著名医学家、养生家。著《千金要方》《千金翼方》各30卷以及《摄养枕中方》等书。他吸取了《黄帝内经》和扁鹊、华佗、老子等人的养生思想和成就,写成《养性》一篇,是我国历史上较全面而系统的养生著作。

这一时期传统体育养生进入了发展的繁盛时期,其中导引术得到了朝廷的正式承认,养生学受到社会各阶层的接受与认可,传统体育养生学的内容日益丰富多彩。

第三节　宋元至明清时期——传统体育养生的成熟期

传统养生理论与方法在宋元明清有了较大发展,在对前人养生资料的汇集和整理基础上,出现了大量的养生专著。特别是炼养术的盛行,简单易行的导引养生术,更加普及民众,我国养生术进入兴盛时期。同时,炼养术也得到发展,创编了八段锦、易筋经、小劳术、太极拳等简单易行的导引行气术。

两宋、金元时期是中国封建社会的中期。北宋王朝建立之后,养生学进入了一个新的发展阶段,表现为:学术思想活跃,流派之间的交流增多,逐渐形成一种广泛的体育保健和康复手段。而在医学卫生保健方面,则改进医事管理,发展医药教育,促进了医药保健的发展。科学技术的蓬勃发展,为医疗保健取得重大成就提供了有利条件。活字印刷术的空前发展,对养生学著述的整理总结和传播起到了促进作用，养生学说得到了进一步的继承和发展。许多著名的养生家和医家，总结了新的经验，提出了新的见解，不但在理论上，而且在养生方法上，都有了新的进展，充实和完善了中医养生学的内容。

这一时期医家学派在治病疗疾的同时主张将导引应用于医疗，使导引术成为医疗手段与方法之一，形成了独特的医疗导引术体系。金元四大医家，刘完素、张子和、李东垣、朱丹溪在将导引术用于治疗疾病方面各有特色。

刘完素主张养生重在养气，认为只要发挥摄养的主观能动性，就能达到延年益寿的境界，十分重视气、神、形的调养，特别强调气的保养，当从调气、守气、交气三个方面着手。"吹嘘呼吸，吐故纳新，熊经鸟伸，导引按跷，所以调气也；平气定息，握固凝神，神宫内视，五脏昭彻，所以守其气也；法则天地，顺理阴阳，交媾坎离，济用水火，所以交其气也。"（《素问病机气宜保命集·原道论》）这种方法可起到调畅气血的作用。

张子和提倡祛邪扶正，认为邪去则正气自安。提出治病以祛邪、攻下为主，人称"攻下派"。主张用导引，按摩以出汗而疗疾。

李东垣注意调理脾胃，指出调养脾胃之气，维护后天之本，是防病抗衰、延年益寿的一条重要法则，主张用温燥的药物补脾胃，以培补元气，扶正祛病。后人称其为"温补派"。

朱丹溪强调阴气保养，提出"阳常有余，阴常不足"的学说，特别强调阴气"难成易亏"，因此在治疗与养生上，主张以滋阴为主。

金元四家的学术观点虽异，然崇尚养生则同，极大地充实和发展了前人的养生理论和方法，推动了养生学的进一步完善。

这一时期，养生理论著作不断问世，如《圣济总录》，由北宋官方组织编写，书中分"咽津、导引、服气"三部分，对导引锻炼的方法进行了总结。宋代张君房纂成《云笈七籤》，共122卷，汇集了服食、练气、内外丹及导引等养生资料，对当时开展以养生为目的的体育项目起着指导作用。

明清时期是中国封建社会的后期。统治阶级提倡孔孟正统的程朱理学，同时倡导佛、道两教的思想，其中一部分士大夫和知识分子弃士为医、转儒为医，先后出现了许多著名的养生学家，如宋代的高濂著有《遵生八笺》，他提出"乐心陶情，积极锻炼"的基本养生方针；清代后期的王祖源编著的《内功图说》，书中强调动功的锻炼。另外，清代徐世方的《寿世传真》、方开的《延年九转法》，均对体育养生作了系统的介绍。

通过养生家、医家及众人的辛勤工作，提炼更新，导引养生更加系统、科学，导引的形式更加丰富，出现了太极拳，这种由武术和导引相结合形成的新的养生术。

第四节　近现代传统体育养生发展的新形势

鸦片战争以后，中国逐步变成了一个半殖民地半封建的国家。社会出现了全盘否定中华民族文化遗产的思潮，对我国的中医、传统体育养生等采取虚无主义态度，使我国的经济文化备受摧残，体育养生的发展基本处于停滞状态，但也有一些成果，如蒋维侨著的《因是子静坐法》、席裕康著的《内外功图说辑要》、任廷芳著的《延寿新书》、胡宣明著的《摄生论》等。总之，由于受排斥、限制和消灭中医学政策的影响，传统养生学的发展遇到了空前严重的阻力，处于自发、缓慢的发展阶段。

新中国成立以来，中医学获得了新生，党和政府非常重视和关怀中华民族的传统体育养生。1954 年，原国家体委专门设立了民族形式体育委员会来负责传统体育的工作。在唐山和上海相继建立了研究导引养生的疗养院和研究所。特别是在近几年，国家更是对健身养生项目的设立和推广作出了巨大的努力。1956 年河北人刘贵珍在北戴河创建了我国第一个导引疗养院，1957 年 7 月 1 日上海也成立了导引疗养所。1957 年刘贵珍所著的《导引疗养实践》出版，1959 年唐山市导引疗养院撰写的《内养功疗法》问世，这两本专著对养生理论和方法的研究，进一步促进了传统体育养生活动的深入广泛开展。改革开放以来，随着科学技术的进步，社会经济的发展和人民生活水平的提高，越来越多的人开始重视并探究科学的、适合于现代人的养生术。特别是 1989 年世界卫生组织（WHO）面对快速发展的社会，给"健康"重新下了定义："健康是指生理、心理、社会适应及顺应自然四个方面全面良好的一种状况，而不仅仅是指没有生病或者体质健壮"。这种四维健身观正符合了传统体育养生学中的关于现代科学健身的观点，这为传统体育养生的发展提供了一次新的发展契机。20 世纪 80 年代后期至 90 年代前期，中国社会上曾流行过一段时间的"导引热"。在这段时间内，一些导引师在传统导引术理论功法基础上，创立了一些导引动功健身法，对于促进群众健身活动的开展，增进中老年人的健康起到一定积极作用，但在当时由于这股"导引热"被一些人所利用，借助所谓"人体科学"之名，大搞什么"带功报告""特异功能"之类的东西，使导引的发展受到严重破坏。新世纪初江泽民同志在庆祝中国共产党成立八十周年大会的讲话中指出："我国几千年历史留下了丰富的文化遗产，我们应该取其精华，去其糟粕，结合时代精神加以继承和发展，做到古为今用。"正是基于此，在国家体育总局的领导下，按照"讲科学，倡主流，抓管理"的工作总体思路，在广泛调研的基础上，健身导引管理中心决定从挖掘整理优秀传统养生健身功法入手，创编健身导引新功法，积极引导群众开展健康文明的健身导引活动。2004 年 1 月 13 日，由国家体育总局健身导引管理中心组织编写了《健身导引·易筋经》《健身导引·五禽戏》《健身导引·六字诀》《健身导引·八段锦》等健身导引图书，这类书籍具有较强的科学性。这充分说明了国家对传统体育的重视和传统体育养生开始走向正规化。

第三章 传统体育养生功法基本理论

第一节 经络学说

一、经络系统的组成

经络系统的组成如图3-1所示。

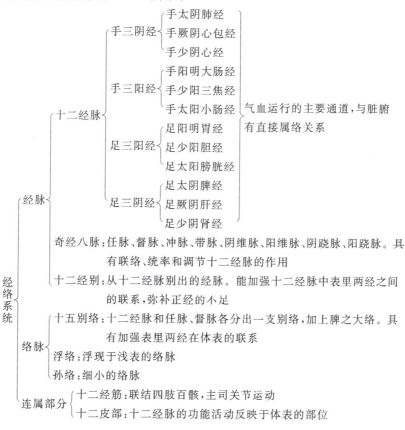

图3-1 经络系统的组成

经络是人体经脉和络脉的总称。"经"有路径的含义,是经络系统中直行的干线,多通行于深部;"络"有网络的意义,为经的分支,犹如网络一样遍布周身,无处不至,分布较浅。经络是运行全身气血、联络脏腑肢节、沟通上下内外的通络。如《素问·海伦》中记载:"十二经脉者,内属脏腑,外络脉节。"经络系统,根据功能作用的不同分为经脉和络脉两部分。经脉分正经和奇经两类,以十二经脉为主体,主要包括奇经八脉、十二经别、十二经筋等。络脉又有别络、浮络和孙络。别络较大,共有十五条,其中十二经脉与任、督二脉各有一支,加上脾之大络,合为"十五别络"。络脉之浮行于浅表部位的称为"浮络",络脉最细小的分支称为"孙络"。

二 经络的功能

经络学说是研究人体经络系统的生理功能、病理变化及其脏腑相互关系的学说,指出经络对人体生命具有重要意义,体现在以下三个方面:

(一)行气血,调阴阳

人体通过经络把气血输布于脏腑、四肢百骸和诸窍,经络畅通则可保证行气血、营阴阳,从而使人体各部分的功能活动保持协调和相对的动态平衡。在《灵枢·本脏》中也指出:"经络者所以行气血,营阴阳,濡筋骨,利关节者也。"所谓"气血"实际上就是指维持人体生命活力的物质,而经络则是通行气血的通道,因此《素问·调经论》说:"五脏之道,皆出于经隧,以行血气。"概而言之,经络对调和人体气血、维系阴阳平衡具有总调控的作用。

(二)映痛候,抗病邪

经络是沟通"五脏之道",是"行气血"之隧。当疾病发生后,病邪沿经络自外入内,由表及里的传变。同时,经络不但是外邪入侵的传变途径,也是沟通脏腑之间、脏腑与体表组织器官之间病变相互影响的重要渠道。如肝犯胃,肝火上扰所致的目赤肿痛。《灵枢·九针》也指出:"五脏有疾也,应出十二原,而原各有穴,明知其原,睹其应,而知五脏之害点。"因此,我们往往可以通过经络的"窗口"——腧穴的变化判断疾病的病理和严重程度,及时进行治疗。

(三)联内外

经络以其分布于肢体内外而分阴阳。根据"内为阴,外为阳"的概念,凡分布于内侧为阴,分布于外侧的为阳,内脏则是以"藏精气而不泻"的称脏,为阴;"传化物而不藏"的称腑,为阳。两者结合起来,即阴位属于脏,阳位属于腑。五脏六腑与体表通过经络形成了密切关系。同时,经络也是沟通人体与外界环境的通道。人生活于天地之间,与自然界息息相关,并同自然一样遵循一定的节律。如《灵枢·五乱》说:"经脉十二者,以应十二月;十二月者,分为四时;四时者,春、秋、冬、夏,真气各异。"

第二节　阴阳五行学说

一　阴阳

(一) 阴阳释义

"阴""阳"两字早在河南安阳殷墟出土的甲骨文中已经给出意义是日、月。在《周易》中有"易有太极,是生两仪,两仪生四象……"等记载,其中的"两仪"指的就是阴阳。后来引申为"乾坤""天地""刚柔"等。《易传·易辞上》说:"一阴一阳之谓道。"这里所说的"道"就是阴阳变化的规律,世间的一切事物皆有阴阳,期间的变化皆为阴阳之变。这个观点后来被《黄帝内经》所吸取,"阴阳者,天地之道也,万物之纲纪,变化之父母,生杀之本始,神明之府也"。《素问·阴阳应象大论》把阴阳的变化规律作为宇宙的总规律,一切世间万物变化的纲领,认为阴阳是生成天地万物的根本,是万物之源,万事万物的内部都包含着阴阳的变化,是万物变化的基础,是生长、衰亡的根本。

(二) 阴阳的相互转换关系

1. 阴阳的相互对立

阴阳学说认为,一切事物都存在着相互对立的两个方面,它们不断地相互排斥、相互斗争,以此推动事物的发展和变化。同时,阴阳还相互制约,以求在这种状态中的"阴平阳秘"。如果一方太过,就会引起另一方的不足,就如同《素同·阴阳应象大论》所说的:"阴胜则阳病,阳胜则阴病。"

2. 阴阳的相互依存

阴阳两个方面,既是相互对立的,又是相互依存的,任何一方都不能脱离另一方面而单独存在。如《医贯·阴阳论》所说:"阴阳又称互为其根,阳根于阴,阴根于阳;无阳则阴无以为生,无阴则阳无以为化。"反之,则如《素问·生气天论》所说:"阴阳离决,精气乃绝"。

3. 阴阳的相互消长

阴阳作为相互对立、相互依存的矛盾双方,不是静止不变的,而是始终处于互为消长的运动变化之中,它或是"阴消阳长",或是"阳消阴长"。在这种绝对的消长过程中,包含着相对的平衡,在相对的平衡中,又包含着绝对的消长。如果这种消长的过程超出一定的限度,甚至只有"阴消阳长"而无"阳消阴长"时,就破坏了阴阳的相互平衡,就会出现阴阳某一方面的偏盛或偏衰。

4. 阴阳的相互转化

阴阳双方在一定的条件下,可以向相反的方向转化,但阴阳转化必须具备一定的条件,"重阴必阳,重阳必阴""寒极生热,热极生寒"中的"重"和"极",就是指一定的条件和程度。

(三)阴阳学说

阴阳学说是一种古代朴素的唯物主义哲学观。它认为任何事物均可以用阴阳来划分,凡是运动着的、外向的、上升的、温热的、明亮的都属于阳;相对静止的、内守的、下降的、寒冷的、晦暗的都属于阴。我们把对于人体具有推进、温煦、兴奋等作用的物质和功能统归于阳,对于人体具有凝聚、滋润、抑制等作用的物质和功能归于阴,阴阳是相互关联的一种事物或是一个事物的两个方面。阴阳学说认为:自然界任何事物或现象都包含着既相互对立,又互根互用的阴阳两个方面。阴阳是对相关事物或现象相对属性或同一事物内部对立双方属性的概括。阴阳学说认为:阴阳之间的对立制约、互根互用,并不是处于静止和不变的状态,而是始终处于不断的运动变化之中。如"阴阳者,有名而无形。"(《灵枢·阴阳系日月》)"一阴一阳之谓道。"(《易传·系辞》)"阴阳者,天地之道也,万物之纲纪,变化之父母,生杀之本始,神明之府也。"(《素问·阴阳应象大论》)

阴阳的本意是指日光的向背,即向日为阳,背日为阴。延伸出去,春夏暖和为阳,秋冬为阴。身体外部为阳,内部为阴。人身体上部为阳,下部为阴;脏为阴,腑为阳;阴阳又具有无限可分性,脏为阴,但心肺居上,为阳,肝、脾、肾为阴,而心肺之间心又为阳,肺又为阴,无限可分,心气为阳,心血为阴,等等。所以阴阳的概念是相对而言的,阴中有阳,阳中有阴。而且在一定条件下是相互转化的,比如水,有形时为阴,沸腾后,变为水蒸气,则无形为阳了。人体中,气是无形的,为阳,血有形,为阴。气推动血运行,气在血液中,血载着气运动,即气为血之帅,血为气之母。气虚久了,会血虚,血虚久了肯定气虚。中国传统养生理论认为阴阳是人体活动的根本属性,阴阳的动态平衡维持着人体正常的生理活动。

(四)阴阳与养生

人体结构的上下、内外、表里、前后各个部分,以及内脏之间,无不包含着阴阳的对立统一。就拿人体部位来说:上为阳,下为阴;背部为阳,腹部为阴;体表为阳,体内为阴。若按照脏腑功能特点来划分的话,心、肝、肺、脾、肾五脏为阴,胆、胃、大肠、小肠、膀胱、三焦六腑为阳。如果具体到每一脏腑,又有阴阳之分,即心有心阴、心阳,肾有肾阴、肾阳等。因此,人体一切组织结构,既是有机联系的,又可以划分为相互对立的阴阳两个方面。

在人体的生理活动中,各种机能活动的产生,必定要消耗一定的营养物质;而各种营养物质的新陈代谢,又必定要消耗一定的能量。这种此消彼长的生理活动,我们视为阴阳消长,这样生理活动才处于协调状态平衡之中,保证了脏腑功能的健全。正常的人体生理活动,是阴阳双方相互对立且相互依存统一协调的关系。

临床医生与医学基础理论工作者从阴阳学说的角度认为"平衡"属生理现象,"不平衡"属于病理状态。《内经》:"凡阴阳之要,阳秘乃固,……故阳强不能秘,阴气乃绝。阴平阳秘,精神乃治,阴阳离决,精气乃绝。"从这些中医理论的阐述当中,可以理解为阴气保持在正常水平范围,阳气才能密藏,阴气不能保持正常水平,阳气就难于密藏。如果人体能够稳定在"阴平阳秘"的状态,人的精神面貌和生理现象就不会发生紊乱,即所谓"治"。反之"阳强不能秘",阴气也就不能稳定在正常水平;或阴阳不能相对地稳定而发生分离状态,人的精神面貌和生理现象也就失去常态,即所谓精气乃绝。一些疾病的病理及症状也是阴阳失衡的表现,与"阴平阳秘"的关系也很大,如循环系统中的高血压病,有许多患者呈现"阴虚阳亢"现象。因为阴气不"平"而虚,不能密藏阳气,则阳气出现偏亢。中医针对这种现象,确定治病原则为"滋阴潜阳"。"滋阴"则阴虚能被控制而出现"阴平","阴平"则能够潜藏阳气,即所谓"阳秘",从而控制住疾病的异常病理现象的继续发展,转化为正常生理现象"阴平阳秘"。不难看出从疾病的诊断与治疗都是以阴阳平衡学说为中医临床的应用原则。

传统体育养生中的一些上下、左右、前后、仰俯、屈伸等动作姿势的变化,不仅都有阴阳之分,而且也可用之调整人体阴阳。养生功法有动功和静功之分,动功为阳,静功为阴,在练功方式上要求动功和静功密切配合,互为补充,平衡阴阳,才能全面改善人体健康。即使是同一种功法也有阴阳之分,动为阳,静为阴,练动功时要做到外动而内静,练静功时要做到外静而内动,这样才能动静相宜,阴阳调和,气血和畅。

传统体育养生锻炼有辨时选功之说,认为春夏养阳宜多练动功顺应阳气生发之势,秋冬养阴宜多练静功而养阴潜阳。传统气功锻炼有因人选功之说,认为对体质虚弱、阴阳气血不足者,应以习练静功为主,动功辅之;对体质强壮、阴阳气血不虚者,应以习练动功为主,静功辅之。传统气功锻炼有辨证施功之说,认为应视疾病之阴阳盛衰而选练适宜的功法来调和阴阳。传统养生功法还有按照方位、地理之阴阳来锻炼的说法,其主要原因是通过不同的方式调节人体的阴阳平衡,使人体维持正常的生理平衡,从而达到延年益寿的目的。

五行

(一)五行学说

关于五行的概念,早在我国的殷商时期就已出现,《尚书·洪范》:"五行。一曰水,二曰火,三曰木,四曰金,五曰土。水曰润下,火曰炎上,木曰曲直,金曰从革,土爱稼穑。润下作咸，炎上作苦，曲直作酸，从革作辛，稼穑作甘。"这里虽然列举的是日常所习见的五种物质性的东西，但它却是殷人在长期的生产斗争中，最早对自然的现象、性质，以及人和自然的关系，进行初步观察、总结而产生的唯物主义思想萌芽。它是我国古代哲学的一种朴素的唯物主义辩证法和认识论。五行学说认为宇宙是由金、木、水、火、土五种最基本物质构成的，宇宙中各种事物和现象包括人在内的发展、变化都是这五种不同属性的物质不断运动和相互作用的结果。《太上化道度世仙经》中说："五行者，金、木、水、火、土也，乃造化万物，配合阴阳，为万物之精华者也。"

(二) 五行生克关系

五行学说认为，事物与事物之间存在着一种联系，这种联系又促进着事物的发展变化。五行之间存在着相生相克的规律。相生，含有互相滋生，促进助长的意思。相克，含有互相制约、克制和抑制的意思。

五行相生：木生火，火生土，土生金，金生水，水生木。

五行相克：木克土，土克水，水克火，火克金，金克木。

相生相克，像阴阳一样，是事物不可分割的两个方面。没有生就没有事物的发生和成长；没有克，就不能维持事物的发展和变化中的平衡与协调。没有相生就没有相克，没有相克，就没有相生，这种生中有克，克中有生，相反相成，互相为用的关系推动和维持事物的正常生长、发展和变化。"造化之机不可无生，亦不可无制，无生而发育无由，无制则亢而为害。"(《类经图翼》)

(三) 五行与养生

《尚书》中的原始五行说，不仅为后人研究事物的矛盾打开了思路，为后人认识各种物质的性能关系提供了有益的启示，而且对中国养生学的建立和发展，起了直接的指导和推动作用。如《易传》中的"易有太极，是生两仪，两仪生四象，四象生八卦"；《老子》中的"道生一，一生二，二生三，三生万物，万物负阴而抱阳，冲气以为和"；无不表现出它们都曾或多或少地受到过这种原始五行说的影响。

中国传统体育养生中把人的生命活动所表现出来的复杂事物和现象，按五行的特征和分析、归类、演绎的方法进行了分类。五脏化生、贮藏精气，精气流通是人体生命活动的基本特征，从而使人体形成了以五脏为中心的整体观，通过五行间生、克、乘、侮的联系，可以探索和认识、阐释五脏中各脏的变化及其相互间的联系。因此，根据五行的属性，说明人的养生过程中人体内部各组织器官及其功能间具有协调统一关系，人体与自然环境具有和谐统一关系。传统体育养生的实践也证实，古代养生家在编创养生内容和手段方法时，自觉地运用了五行学说的生、克、乘、侮观点与方法。

第三节　整体观

整体观，是对事物统一性和完整性的看法。传统体育养生学应用整体观研究人的身心健康和延年益寿时，既重视人体自身的统一和完整，又重视人与外界客观环境的和谐统一。因此在中国的传统养生理论中，逐渐形成了"天人相应"和"形神合一"的整体观。这种整体观念是构成传统养生学最基本的思想体系，同时也成为传统养生学的指导思想和基本原则。

一、天人相应论

"天人相应"的思想概念最早是由庄子阐述，后被汉代思想家、阴阳家董仲舒发展为天人合一的哲学思想体系，并由此构建了中华传统养生文化的重要部分。运用"天人相应"的观点阐述人体生理、病理的变化规律，指导诊断、预防和治疗疾病的理论，即为天人相应论。

天人相应中的"天"泛指客观事物，包括自然界及其变化规律和人类社会及其变化规律。古人认为自然界是一个统一的大整体。在这个整体中。存在的事物彼此间并不是孤立的，而是相互影响、相互作用、相互联系、相互依存的。天地自然的运动变化，无时无刻不对人体发生影响，而人则根据外部环境的变化规律保健养生、防治疾病。简而言之，天人相应是指人体与自然环境之间的相互关系。"人以天地之气生，四时之法成""人与天地相参与，与日月相应也"的理论，就充分说明了人类的有机生命体来自于自然，受自然规律的支配，即使在宏观上自然界的规律变化也直接或间接地影响人体的生理功能及病理变化。传统养生指出天地、四时、万物对人的生命活动均会产生影响，使人体产生生理或心理的反应。因此，在养生保健中要做到：遵自然规律，防异常影响。积极主动地顺应四时气候变化规律，以防外邪的侵袭。

《黄帝内经》曰："上知天文，下知地理，中知人事，可以长久"，明确把天文、地理、人事作为一个整体看待。人不仅是自然的一部分，也是社会的一部分，人体和社会环境也是辩证统一的。社会环境不仅供给人们所需要的物质生活资料，满足人们的生理需要，而且又形成和制约着人的心理活动，影响着人们生理和心理上的动态平衡。如果人体社会稳态失调，就可能导致疾病。古代养生家认为，人作为自然界的组成部分，作为社会的成员之一，是自然和社会的依存者，必然要受自然变化和社会环境变化的影响和支配，因此"养生者必谨奉天时"，不仅要主动地适应自然与社会，而且要以积极进取的态度，利用自然变化规律，变通社会事理，使生命在自我调控过程中赢取健康长寿。

二 形神合一论

"形神合一"主要是说明心理与生理的对立统一、精神与物质的对立统一、本质与现象的对立统一。形是人体的一切组织器官,包括五脏六腑、经络、四肢百骸等组织结构和气、血、津液等基本营养物质。"神"是人的生命存在的标志,是人的精神、思想、意识乃至知觉、运动等一系列生命活动的主宰和表现。其产生源于先天之精,其活动基于后天水谷之气。二者的辩证关系是,相互依存、相互影响,密不可分的一个整体。神本于形而生,依附于形而存,形为神之基,神为形之主。《黄帝内经》在长期实践经验积累的基础上,通过对人体生理、病理的总结分析,阐述了人身形与神的概念及两者之间的辩证关系,奠定了"形神合一论"的基础。"形神合一论"是传统生命整体观的重要内容,这一理论有效地指导着养生保健及疾病防治。

"形"即指人之形体,是人体生命运动的特征。形体是人生命存在的基础,有形体才有生命并产生精神活动和生理功能。如张景岳曰:"吾之所赖者,唯形耳,无形则无吾矣,谓非人生。"《黄帝内经》中对"形"的论述主要有以下几个方面:

(1)指存在于自然界中的一切有形实体,如《素问·阴阳应象大论》曰:"阳化气,阴成形"。

(2)指构成人体生命的物质基础,包括脏腑、经络、气血、津液等,如《素问·宝命全形论》曰:"人生有形,不离阴阳"。

(3)指人的形体状态,如《素问·上古天真论》曰:"七七……天癸竭,地道不通,故形坏而无子也""七八……天癸竭,精少,肾藏衰,形体皆极"。由此可见,形乃神之宅,保养形体则为养生之首要。

"形神合一"构成了人的生命,神是生命的主宰。《黄帝内经》中将"神"的含义归纳为以下几种:

(1)指自然界物质运动变化的内在动力,如《素问·阴阳应象大论》曰:"阴阳者……神明之府也""是故天地之动静,神明为之纲纪"。

(2)指人体的生命活动,如《素问·移精变气论》曰:"得神者昌,失神者亡"。

(3)指人体的精神活动,包括思维意识及其情志等,如《素问·宣明五气篇》曰:"心藏神,肺藏魄,肝藏魂,脾藏意,肾藏志"。

(4)指人体对针药治疗的反应能力,如《素问·汤液醪醴论》曰:"帝曰:形弊血尽而功不立者何?岐伯曰:神不使也"。

(5)指诊疗疾病时的各种高明技术,如《灵枢·邪气藏府病形》曰:"按其脉,知其病,命曰神""故知一则为工,知二则为神,知三则神且明矣"。

神主宰着人的一切精神心理活动与行为活动,影响着人体各个方面生理功能的协调平衡。在形与神两者关系中,《黄帝内经》明确提出了"形与神俱"的形神共养观点。形神共养是体育养生学推崇的一种最高养生方法,形神相俱,强调人的形体与其精神思维意识等生命活动的整体统一,神生于形,并以形为物质基础,神不能离开形体而独立存在。同时形体只有在神的主宰下,才能完成各种生理活动,才能发挥正常的调节机能,适应内外环境的变化。正如张景岳在注解《素问·八正神明论》中所言:"形者神之质,神者形之用,无形则神无以生,无神则形无以活。"形与神俱是人体生命活动的基本特征,也是养生的重要前提。所以,在养生实践活动中要同时注重形体的养护和精神的调摄,既要形体健康,又要心神安宁,使形体与心神协调发展。

第四节　精气神学说

人体生命活动的盛衰和生命的长短与精、气、神的旺盛或衰竭是紧密联系的。精气流通、练气以养、养心调神是传统体育养生法实施的基本目的与要求,精、气、神理论对传统体育养生理论的建立和养生方面的指导具有重要的作用。

精是人体生命活动的物质基础。精是构成人体的基本物质,也是维持人体生命活动的基本物质,它主持人体生长、发育、生殖及各种生理功能的活动。广义的精是指构成人体和维持人体一切生命活动的精微物质,包括精、气、神、津液等;狭义的精是指肾中化生和蕴藏的精,具有促进人的生长、发育和生殖功能的基本物质。精气是人体生命活动的物质基础,人体的五脏六腑、四肢百骸、诸窍的活动和心理上的精神、意识、思维的活动,都是以精气为源和动力的,精气的盛衰决定着人体生命的健旺与衰竭。精气在体内升降出入流畅与否,关系到体内物质、能量、信息的气化,关系到生命力的盛衰。传统体育养生家历来非常重视人体内的精气流通,早在春秋时期,《吕氏春秋·尽数》就提出:"流水不腐,户枢不蠹,动也。形气亦然,形不动则精不流,精不流则气郁。"唐代医学家、养生家孙思邈主张"极须知调身按摩,摇动枝节,导引行气之道"。可见,精气是人体生命的根本,体内精气流通,生命才能健旺。保精养气是传统体育养生的指导思想和理论基础,是创编、实践传统体育养生目的的指导思想和理论基础,也是创编、实践传统体育养生法的目的和要求。

气是人体生命活动的动力。中医学和传统体育养生认为,人体的气是一种充养人体并维持人体生命活动的精微物质。人体的气有先天和后天两种。先天之气称元气,是禀受父母的先天之精气,藏于肾中,又依赖水谷之精气的充养,使肾中精气的气化功能沿着通道升降遍布全身,发挥其生理效应,推动人体生长和发育,温煦和激发各脏腑、经络等组织器官的生理功能,主持人体复杂的生命活动。可见气是维持人体生命活动的最基本物质,气聚则精盈、神旺,气衰则精走、神病,气绝则神亡。

　　神是人体生命存在的标志,同时也是人体生命活动的主宰,人体形与神同源、同生、同时存在,是生命活动的开始。广义的神,指人体生命活动机能的总称,包括人体生命活动中不同层次的内在"神志"及外在"形征"两方面的涵义。狭义的神,系指人的精神、意识、思维,是"识神"的主要体现。

　　可见古人把调心养神认为是养生的首要任务。在古代体育养生宝库中,有许许多多养心调神的法则、手段和方法,主要是可归纳为调心养神与修身养性两类。综上所述,精、气、神是构成人体生命活动的基本物质,是精气流通时生命活动的基本特征,气化、气机是生命活动的动力,神是生命活动的主宰,保精养气、练气以养、调心养神、形神共养是传统体育养生的指导思想、理论基础与基本理论,使人精盈、气充、神合是传统体育养生法追求的目的。

第四章 传统体育养生功法教学方法

传统体育养生功法是民族传统体育的重要组成部分,在教学中首先要明确功法的特点和作用,按照教学的内容和要求,遵循一定的教学原则,选择相应的教学方法,以达到预期的教学目标。

第一节 传统体育养生功法的教学特点

传统体育养生是民族传统体育专业的三大研究方向之一,作为一项体育活动,具有体育教学的一般特点和共同规律,同时又有自身的教学特点和特殊规律。教学中只有把握好其特点,运用好其规律,才能使教学活动取得事半功倍的效果。

一、教学对象特点

在教学过程中,学习者是认识的主体,所授内容是被学习者认识的客体,而我们教师则是引导学习者认识所授内容的中介。教师在教授功法中,只有不断确定学习者的主体地位,唤起他们的主体意识,发挥他们的主动精神,才能取得良好的教学效果。因此须充分了解和研究学习者的特点,以取得预期的教学效果。

学习和习练传统体育养生功法的人员,既有已退休的老年人,也有正值人生顶峰的青壮年;既有学识渊博的知识分子,也有目不识丁的爱好者;既有健体防病的锻炼者,也有祛病养生的患者;既有精于养生的专家,也有热心学习的业余者等。这说明了传统体育养生功法的教学对象不仅年龄跨度大,而且文化水平、健康状况、习练基础等差别均比较大。教学中根据不同教学对象之间的个体差异,科学地选择教学内容,合理安排教学计划,循序渐进地掌握知识、技术和技能,才能达到增强体质、调节神经系统和提高身体功能的目的。

二、教学目标特点

体育教学目标是体育教学活动重要的参照标准,从某种意义上来说,它是体育教学的方向,教学设计、教学过程的组织与实施、教学评价等都要受到它的制约。

当教学目标定位合理、教学活动与教学目标趋于一致时，教学就易于收到良好的效果。而当教学目标不符合客观实际时，以此为指向的教学活动所产生的结果就会出现偏差。传统体育养生功法的教学目标比较单一，任务较为单纯。传统体育养生功法教学主要是通过理论学习和技术训练，来了解和掌握一种或几种体育养生功法的方法和要领，逐渐养成自我锻炼的兴趣和能力，以达到正确而又熟练地运用功法进行养生锻炼的目的。同时，由于习练传统体育养生功法的人员技术基础存在很大差别，因此教学目标的设定具有层次性的特点，以适合学习者锻炼的需求。习练传统体育养生功法的主要目的就是调养身心、延年益寿，故在其教学目标的设定上要重视实用性。

三 教学方法特点

体育教学方法是体育教学过程中完成教学任务所采用的途径和手段。传统体育养生功法本身就是一门健身养生的学问，同时也是一项体育锻炼方式，因此在教学过程中一方面要考虑养生功法训练的要求，另一方面要结合学员的情况，采取合理的教学方法。

(一)实践和理论相结合

在传统体育养生功法的教学中涉及最多的问题首先是动作多，动作之间的衔接变化比较复杂；其次是一个动作包含的因素也多，外形有手、眼、身、步的配合，内有精、气、神的统一，这些因素给学生学习和掌握动作带来了一定的困难。因此，在教学中要系统地讲授功法知识、功法特点和健身机理等内容，使学生深入理解和掌握功法的内容、方法、特点和要求。同时，与教师领做的具体操练动作紧密结合起来，通过实战学员才能够真正地体会和领悟功法中每一个招式的要领。

(二)静与动的结合

由于功法中存在着一些复杂的动作，因此需要把复杂的动作分解开来进行教学，按动作的先后顺序，先教会每一个动作的静止架势，然后再教会每一个动作的过程，最后教会动作与动作之间的衔接，待各自演练熟练后，再综合起来整体练习。这主要是根据养生功法的特点进行科学合理的教学，使学生对动作有一个比较清晰的认识，便于观察、模仿和学习。

(三)内与外的结合

教学要符合传统养生特点。传统体育养生功法讲究形神兼备、内外合一。在练功过程中，不仅是肌肉、骨骼等肢体参与活动，而且要求以意念活动为主体，"意动身随""以意领气，以气运身"，达到形神并练、形意相合的目的。因此，教师在教授动作时需要通过"导引词"去引导学生，并进一步阐明意念、呼吸与形体动作怎样结合。使学生在教师指导下体会"形神兼备""内外合一"的练功技巧，突出养生功法的特点。

第二节　传统体育养生功法的教授阶段

传统体育养生功法都是由众多连贯的动作组成,每个动作都包含着方向路线、功架结构、劲力方法、意气神韵等要素。而传统体育养生的理论是在传统文化的人体生命整体观和天人整体观的基础上形成的,其原理涉及阴阳学说、五行学说及经络、气血等内容。在教学传授阶段要结合传统文化和现代科学理论来指导练功,循序渐进,量力而行。教授阶段一般有四个部分组成。

一　基础教学阶段

此阶段主要学习养生功法的基本动作与套路,通过教师的正确示范和讲解,使学生掌握动作基本姿势及方向路线,建立动作的基本概念。练习中首先要做到姿势和动作的规范,然后做到全神贯注、心平气和,这样才能有效地调整全身的气血分布,达到锻炼身心的目的。示范后,要用准确直观的语言,强化示范动作,巩固、其轮廓,防止获得模糊、不定型的视觉表象。

在此阶段,学生对动作缺乏控制能力,练习时动作不易协调、紧张僵硬。因此,教学中要匀慢速示范以降低学生观察的难度,帮助学生感知示范动作的结构、特点、动作的基本外形轮廓、动觉成分等。要循序渐进、因人而异地根据学生体质状况来安排运动量、锻炼的时间,由浅入深,打好基础,做到柔筋健骨、调畅气血、疏通经络。

二　基本成型阶段

此阶段对学生要有明确的要求,要抓住主要环节,及时纠正错误动作,反复练习,进一步巩固动作。此时,教师应不断强化,严格要求,可采取分解练习,逐渐过渡到完整动作的练习,可以重点讲解示范来加深对动作的理解,并在弄清动作方向路线的基础上,强调动作的细节,要求动作准确与工整,力求技术动作规范,做到姿势正确、动作舒展、轻缓柔和,并有意识地注意呼吸调整,掌握起吸落呼、开吸合呼、先吸后呼和蓄吸发呼的规律,不断去体会、掌握、运用与身体状况或动作变化相适应的呼吸方法,进一步调畅体内气血和调顺呼吸之气,以气养神,通畅气血。

这一阶段最为重要,关系到功法日后习练的效果,因此需把技术动作中最紧要的、直接影响其动作质量的环节,从动作过程中抽提出来,用以显示动作的因果关系,便于学生抓住动作规律并形成该动作的关键表象。例如,上肢的运动要抓住胸、肩和腕、手动作的示范,如习练五禽戏中的虎戏时要注意挺胸转肩和腕关节的向上翻转;下肢的运动要抓住骨盆、髋和踝、足动作的示范,如习练鸟戏。在完整动作习练时，教授者要提示动作连接，帮助学生记忆动作。在前一个动作即将结束时，及时提示下面的动作及连接方法，提示的内容包括呼吸的调整、手法或手型、步法或步型和眼睛注视的方向等，以获得最佳习练效果。

三 完善动作技术阶段

此阶段要求学员将已经掌握的功法技术贯穿完整，使示范动作的形象完全转化成学生自身练习时的执行形象，并逐渐将意识融入功法习练中。

教师通过深入地讲解、示范，阐明其理，深入浅出，使学生掌握动作的方法、特点，进一步领悟基本功理。同时，这一阶段动作的示范不再是呆板的分解动作，而是连贯的完整的技术示范。在教授完善动作时要重点强调松静与动作的配合。"形不正则气不顺，气不顺则意不宁，意不宁则形乱气散"。即在正确姿势的前提下，身体各部分肌肉应尽量保持放松，做到舒适自然、不僵硬，以使气血畅通，否则，紧张的肢体会使气血运转不通，影响学员习练，达不到健身养生的作用。练功时，要求头身正直、体态自然、身体各部位放松舒适、呼吸调匀，逐步进入练功状态。并指导学员排除不良情绪和思想的干扰，使全身各方面的活动变慢，减少消耗，降低各个器官的负担。此阶段要求做到：心要清、息要静、身要松，必须不急不躁，顺其自然，练习时意识、神韵贯注于动作中，排除杂念，使思想达到相对的"入静"状态。此时，学生对动作过分紧张的现象基本消失，遇到刺激，往往会杂念丛生，影响宁神意守，造成呼吸不畅和动作失误。教学中要继续采用各种专门的诱导，促进意、气、形全面掌握。

在此阶段，示范降于次要地位，讲解配合示范，均转为辅助练习。示范要细腻、次数少；讲解要直观、有针对。教授者按照技术结构本身具有的时间关系、变化对学员进行动作完善指导，以确切地完善技术结构，提高学员对功法掌握的强度。

四 形、意、气合一阶段

这一阶段要求学员领会功法的实质。"形"即指形体；"意"练功时的意念活动；"气"指呼吸。通过练功时的意念活动达到以意领气，以气运身，对人体生理功能施加良好的影响。因此，这一阶段属于熟练提高阶段，教授重点是意念动作技术环节，注重所授功法风格特点，使意念与呼吸相协调。

教师要学员在全面掌握功法动作的基础上，在教学中阐明形体动作与意、气的配合，注重引导学员对意念、呼吸与动作的运用，掌握动静相间、松紧变化的调节时机，通过周身的自然松柔沉着，逐渐体会气的运行规律，使体内真气充沛，宣畅通达。随着功法的纯熟，内气、内劲的不断修炼，充分理解动作的内涵和意境，使周身内外和谐，达到"形神兼备、内外合一"。同时要尽可能排除不利于身体健康的情绪和思想,避免外界纷扰,创造一个美好的内环境,才能神清气爽、精充气足、意随形动、气随意行、气血顺畅,达到意、气、形的合一。

第三节　传统体育养生功法的教学方法

体育教学实践中的方法很多,如讲解法、直观法、完整与分解法、预防和纠正错误法等,每一种方法都有其特点和适用范围。教学方法的合理性直接关系到体育教学的效果和目标的实现,因此,教师在实践教学中必须结合具体的客观条件,以提高学生的兴趣和积极性,满足学生身心发展的需要为前提,进行教学方法的设计。

传统体育养生功法教学方法就是教授者在教学过程中,为了有效完成教学所采用的一系列手段和方法。在功法的教授中,根据教学目标、功法特点以及学员的具体情况,主要有以下几种教学方法。

一　讲解法

讲解法是教学中最主要、最常用的一种方式。在功法传授过程中,教师通过讲解对技术动作进行解释、分析和概括,明确教学任务、动作名称、方法、要领和要求等。通过讲解能帮助学生更快、更好地理解动作的特点、结构和建立正确的动作概念。

(一)讲解目的要明确

在功法教授中要做到讲解具有目的性。教师要认真制订教学计划,熟悉计划内容,了解分析所需要讲解的技术动作的每一细节,抓住技术关键,突出重点、难点。确定教学中所要解决的主要问题,使讲解具有切实的针对性。如在基础教学阶段,学员由于技术生硬,动作容易紧张,缺乏控制力,讲解时只需把动作的关键部分加以解释,讲清动作的正确姿势、运行方向、路线;而在完善动作技术阶段,讲解的目的在于帮助学员理解动作的内涵,进一步巩固和提高动作技术,讲解时要根据学员训练中出现的问题,给予针对性的指导。

(二)讲解要准确精炼、生动形象、利用术语

由于语言和思维是统一的。任何不符合逻辑的讲解都会给学生的思维带来错觉以及混乱,极大地影响学生们对动作的正确领会。因此,准确的词汇、恰当的比喻、合乎逻辑的阐述对领会动作和掌握正确的技术都具有重要的意义。讲解要准确是指讲解的内容必须正确,具有科学性。用最精练的语言(术语)、最短的时间,把技术动作的概念、要领,直观形象地讲明白,把各种活动要领有层次地交代清楚。在讲解动作时,应正确表述动作要领,如习练太极拳时,第一式调息宁神,对其讲解时就要准确的指出要领是自然站立、两脚平行等。这样可使学生一听就懂,便于理解、记忆。生动形象的语言,可提高学员学习的兴趣,使学员积极主动参与到实践

中,收到良好的教学效果。同时,语气的强弱、缓急,也影响到学生的练习情绪和心理状况,因此,讲解时也要掌握好音调高、低、强、弱在不同的场合的运用。

(三)讲解形式要多样化

在功法教授过程中,教师要根据不同的习练动作,采用不同的形式进行讲解,对于比较简单的动作,可用"直陈法"讲解;对于复杂的技术动作应用"分段法"讲解。讲解时不但要讲解正确的要领,也要讲解易犯的错误动作,同时分析造成错误动作的原因,这样可以加深学员理解正确技术的概念。另外,在学生基本掌握正确动作的同时,应多采用"提问法"进行教学,它能启发学生进行积极思考、分析、判断动作的正确与错误,同时能培养学生进行分析问题及解决问题的能力。实践证明,形式多样化的讲解既能促进学生学习的兴趣及积极性,同时,又能培养学生观察、分析、判断及评价能力。

二、示范法

示范是学员通过视觉感知,接收技术的最生动具体的方法,在功法教学中尤为重要。它是教授者以自身完成的动作作为教学的范例,用以指导学员习练的经常采用的方法,是最常用的一种直观教学法。通过技术动作的示范,可使学员形象地了解所学动作的结构特征、技术要领和完成技巧等,在头脑中建立起所要学习的动作的表象。

(一)示范要正确熟练

教授者在做示范时要切实保证动作的质量,做到协调、流畅,从动作的路线、发力到身体的配合等都要准确无误。教学中,若教授者的示范舒展大方,有感染力,做到前后连贯、协调一致、连绵不断、浑然一体,静止性的动作做到气定神敛、上虚下实、周身放松,表现出功法特有的精、气、神,对调动学员学习的积极性和学习的热情是很有帮助的。

(二)示范的位置及方位

示范的目的是要给学生作范例,这就得让全体学生都听得见、看得到。因此,教师的示范要特别注重示范的位置和方向。一般情况下,示范位置可以选择在队伍的正、侧或斜对面,也可以选择在队伍中间。为使各个方向的学员都有机会看清楚动作,示范的位置要根据学生队形、动作性质以及安全的要求来选择最佳位置进行示范。如在功法教学中,教授基本动作时,采用体操队形,教师就应站在队行的等边三角顶点方位示范,如果是复习套路,教师就应站在队伍的左前方带领学员练习。这样可使学员的注意力始终随教师的示范动作。示范前,还应注意分析动作的结构和要求,考虑学员观察动作的角度,讲究动作示范的各个"面"。教师所示范的动作,应尽量示范在学员能直接观察到的位置上。如果教师示范的位置和方向选择不当,会影响部分学员因看不清完整、正确的动作而产生错觉,形成错误的技术概念,就会失去示范的作用,直接影响教学效果。此外,需注意教师选择的示范位置,应尽可能避免学员迎风和面对太阳练习,以免不良环境影响学员学习。

(三)示范方法要多样

根据学生的实际情况和教学的目的要求,灵活选择相应的示范方法,如对于简单的动作和基础较好的学员,可采用完整示范法,以正常速度示范一次完整的技术动作,使学生初步了解功法的完整技术结构。对于复杂的动作和基础不好的学员,可采用分解示范,以慢速度示范,使学生了解动作的要领、要求等,建立一个完整的动作表象。为了加深对正确与错误动作的认识,可采用对比示范。它是将正确动作与相应的错误动作提出来,进行对比,以显示正确动作成功的规律,改善、纠正动觉表象,以改进技术动作。另外,也可用直观教具进行示范,如录像、图解等,以弥补示范不足和增加讲解的实效性。此外在练习的过程中,教师应针对学员存在问题的具体情况,让掌握技术动作较好的同学进行示范练习,然后教师加以分析,必要时教师可模仿学员的错误动作加以对比。这样,正确的技术动作就会在学生的脑海中留下更深刻的印象,从而提高教学效果。

(四)示范与讲解、启发学员思维相结合

示范常常结合讲解进行。有的先讲解后示范,或先示范后讲解,或边讲解边示范,它们互为补充,相得益彰。例如在传授健身导引新功法时,教师在介绍动作名称后,应立即进行示范;但在复习教材时,可在讲解和提出关键问题后再进行示范,让学员的注意力集中在部分动作或技术上,并引导学员注意观察改进部分动作的技术错误和不足。

三 提示法

在教学中,由于各种原因,学生难免会产生这样或那样的错误动作。教师运用提示法主要是为了使学生从教师简要的提示中,明确自身的错误,并从中体会出改正错误的方法。同时,运用提示法有利于加深学生对教材的理解,有利于提高学生鉴别技术动作的能力。运用提示法的方法主要有:超前提示法、同步提示法、强化提示法等。

在传统体育养生功法的教学中,当提示动作连接时,为了帮助学生记忆动作,应采用超前提示法,及时提示下面的动作及连接方法,提示的内容包括呼吸的调整、手法或手型、步法或步型和眼睛注视的方向等。而观察在学生练习动作时,教师则采用边讲解边提示的方法,即同步提示法给予指导,使其在动作练习中迅速加以调整。强化提示法多用于帮助学生克服心理障碍,攻克技术难点时采用,但运用时须注意发出的指导信息要简练,有一定弧度的刺激性,以使学生大脑能在瞬间做

出反应。

四 暗示与诱导法

暗示教学，即利用学员无意识的心理活动，充分把握心理潜力，使学生达到掌握技能的目的。诱导在体育教学中是一种过渡的练习手段。是以技能的形成和迁移规律为基本原理，利用大脑皮层内已有的运动条件反射及其基本环节为诱导的条件和获得新技能的基础，通过相似技能间的良好影响和有目的的练习方式，而逐步达到新技能的形成和巩固。

在功法教学中，暗示与诱导法是教师在指导学生练功过程中通过简单而良性的语言，对学生进行引导，暗示学生放松入静的一种形式，使学生进入自然愉悦的境界。暗示性的语言内容是很丰富的，初练功而不易入静者，由教师用语言暗示来练功，可收到事半功倍之效，如"放松""入静""气沉丹田""心情愉快"等。在练习中，良性的语言诱导也非常重要，它能使学生排除干扰，进入放松的练功状态，并在词语的引导下和曾经有过的体验相结合，机体产生相应的调节作用，使肌肉松软，血管放松，缓解紧张情绪，使练功者感到轻松舒畅。

五 完整教学法

完整教学法是从动作开始到结束，不分部分和段落，完整而连续地进行教学和练习的方法。完整教学法的优点是能保持动作结构的完整性，易于形成动作技术的整体概念和动作间的联系，适用于新功法及较简单的动作，便于学员在学习动作初期建立完整的动作技术概念。但由于存在一定缺陷，故运用时需注意以下几点：

1. 突出教学重点

进行完整教学时，要做到重点突出，科学地把握好动作的快慢与速率。

2. 适度降低动作质量

由于基础不同等原因，学员在初学时不易高质量地完成动作，因此，可适当降低要求，待有一定基础后再逐渐提高要求。

六 分解教学法

分解教学法是指教师把复杂的动作，按其结构合理地分成若干部分，依次进行分解讲解、分解示范、分解练习的教学方法。而动作技术部分，分解法又具体地划分为：分部分解法、分段分解法和分化分解法。在功法的教学中，对于那些具有一定难度和结构比较复杂的动作可以采用分部分解法、分段分解法和分化分解法，将一个完整的动作分解成几个小动作，以利于学员集中精力掌握动作的某些技术细节。

另外，需注意划分动作的段落或部分时，要易于连接完成，遵从人体的运动规律、动作的结构特征，使动作易于衔接和连贯。

七 预防和纠正错误法

在功法教学中，根据动作技能的形成规律，在粗略掌握动作的阶段，由于兴奋的扩散，内抑制尚未建立，在掌握动作上出现这样那样的错误是必然的，诸如动作紧张、不协调、出现多余动作，动作方向、幅度、节奏等出现差错等。因此，及时防止错误动作的产生和纠正已经出现的错误动作就成了教学重要的一环。

预防与纠正错误法包括错误动作的预防和纠正两个方面。从它们的功能来看，预防错误具有超前性。主要表现在学生掌握动作的进程中，教师能够预见学生可能出现的障碍和错误，为"防患于未然"而采取一系列有效的措施和手段。而纠正错误则具有改造性。主要表现在教师对学生学习动作过程中所出现的错误采取有效的措施，及时地、准确地予以纠正。

在功法教学中，运用预防与纠正错误法，要做到以下几点：教师在课前认真备课，抓住重点、难点，对学员可能会出现错误的地方，在练习前要预先对学员特别强调，引起学员重视。应注意掌握共性错误进行集体纠正，要暂时停止练习，进行集体纠正，纠正错误动作时要讲明其中的道理，循循善诱。对于一些个别的错误，要抓住主要问题，给予指导纠正。

教师必须善于观察，找出产生错误的根本原因，做到有的放矢。实际上，学生错误动作的产生，有相当一部分是由于身体训练水平跟不上，或心理状态不平衡所造成的。因此可以采用加强腰部、下肢柔韧性及关节灵活性的辅助练习来纠正；纠正时一定要耐心细致，循循善诱，热情帮助，不歧视基础差的学员。要讲清道理，分析原因，使学员感到既亲切又严肃，从而激发学员自觉性，积极开动脑筋，改正错误。

八 练习法

练习法是指根据教学任务，有目的地反复做某一动作以达到发展身体和掌握技术、技能的方法。它是由教师组织和指导学生身体练习的过程。主要由练习方法和练习形式两部分组成。

（一）主要练习方法

1. 集中注意力练习法

集中注意力练习法是通过练习把注意力指向和集中到教学活动中来的方法。集中注意力练习可吸引学生的注意力，提高中枢神经系统的兴奋性。在课的开始部分向学生讲明教学内容、任务和要求后，均可做集中注意力练习，可采用暗示、记忆、音乐伴奏的方法集中学生的注意力。集中注意力练习不仅能较好地把学生的注意力集中到教学中来，使之处于良好的兴奋状态，而且还能提高学习的主动性、积极性，发展想象力、思维力，是教学中必不可少的练习手段。

2. 重复练习法

重复练习法是指不改变动作结构和运动负荷的情况下，即在相对固定的条件下，根据动作的基本要求进行反复练习的方法。重复练习法一般又可以分为连续重复练习法和间歇重复练习法两种。

连续重复练习法是指没有间歇，连续不断地重复练习。这种练习法最显著的特点是周期性。如对学员的意念、呼吸活动的反复练习。

间歇重复练习法是指重复练习有相对固定的间歇。这种固定的间歇是硬性规定的，即前次练习后，机体工作能力还没有完全恢复到原来水平的状态下，进行下次的练习。在深入学习和完善动作技术阶段，运用间歇练习法可进一步改进动作质量，使学员集中精力练习动作，提高动作熟练程度，巩固技术。

（二）练习形式

学生在初步学会动作之后，技术的运用需要通过反复练习来强化，以逐渐形成正确的动力定型和技能的自动化。在功法教学中主要采用的练习形式有单人练习、分组练习、集体练习。

1. 单人练习

单人练习是由学员独立进行练习的方法。当学员比较熟练掌握动作后，可通过个人反复练习，仔细体会技术动作的发力要领、动作路线等，并且也可根据自身的实际情况有目的地进行练习。同时，有利于教师观察学员习练情况，有针对性地开展辅导。

2. 分组练习

分组练习是根据实际情况将学员分成若干组进行练习。当学员初步掌握了动作、呼吸、意念的要求之后，或学员较多，为了有效指导时，都可进行分组练习。分组练习应鼓励学员对动作技能进行研究分析，互教互学，各组间也可互相学习交流，充分发挥学员的主观能动性。同时，教师应明确练习的次数、动作的重点，督促各组按质量完成任务。

3. 集体练习

集体练习是在教师领做或以口令提示下的集体统一练习。在学习新动作、复习动作和纠正共性错误时，多采用此法。集体练习易于教师整体观察，了解全貌，掌握学员习练情况，灵活确定练习次数、频率和总运动量。此外，集体练习有助于加深学员间情感，利于培养集体主义精神。

第五章 传统体育养生功法

第一节 太极拳

一、太极拳概述

(一)太极拳的起源

太极拳是中华民族在长期生活实践中创造和逐渐发展起来的优秀拳种,是中国传统文化的肢体表现形式。太极拳综合吸收了明代名家拳法,特别是吸取了戚继光的三十二势长拳,并结合了古代导引、吐纳气功之术和中医经络学说,以及古代朴素辩证唯物主义的阴阳五行学说,以道教、太极八卦等理论为太极拳的哲学基础,蕴含着丰富的中国传统文化和传统哲学思想。

早期的太极拳曾称为"长拳""棉圈""十三势""软手"。其中"太极"一词源于《周易系词》中的"易有太极,是生两仪",含有至高、至极、绝对、为宜的意思。古人认为,人世间的一切事物都是不断运动、发展和变化的,而其反映出来的周期性规律就是太极原理,也就是"无极生太极、太极生两仪、两仪生四象、四象生八卦、八卦化万物乃至无穷"。

关于太极拳的起源,说法较多,无一定论,主要有唐·许宣平、宋·张三峰、明·张三丰、清·陈王廷和王宗岳等五种不同说法。而据中国武术史学家唐豪考证,最早传习太极拳的是明末清初河南温县的陈王廷。据考证陈氏曾是战将,为明王朝立过功,入清后息影家园以造拳自娱。虽然,戚继光与陈王廷相隔约半个多世纪,但其对陈王廷创造太极拳影响很大,戚氏《拳经三十二式》被陈王廷吸收了二十九式编入太极拳套路,如《拳经》以"懒扎衣"为起式,陈王廷所造拳套七路都以此为起式。甚至陈式《拳谱》和《拳经总歌》的文辞,也仿造戚氏的《拳经》,可见影响之深了。然而,这仅仅是说继承和影响,并不是说陈王廷的太极拳抄自戚继光,更不能说戚继光创造了太极拳。陈王廷的功绩在于继承了戚继光的拳术遗产,并推陈出新,创造了一种新的拳派,这就是太极拳。陈家沟的太极拳一代宗师陈照丕1927年在北京宣武门外立下擂台,与各路武术高手交手,一连十七天不败,轰动京城,由此引发了太极拳源流问题的一场争论,虽经民国和当今政府有关部门及专家的反复论证,认定陈家沟是太极拳的发源地,但目前仍有异论。

(二)太极拳功法与养生

养生重在平素调养身心,防患于未然,是广大人民群众喜闻乐见、便于实施的保健形式,在我国具有悠久的历史、广泛的认同和普遍开展的基础,为提高全民族的健康素质发挥了积极的作用,也是中华民族对于全人类的贡献。英国学者李约瑟说:"在世界文化当中,唯独中国人的养生学是其他民族所没有的。"太极拳作为一项体育运动,之所以具有养生保健功能,其奥秘在于"一动无不动"的身体活动,能给各组织器官一定强度和量的刺激,激发和促进身体在生理、生化和形态结构上发生一系列适应性变化,使体质朝着增强的方向上转化和发展。对于中老年人及慢性病病人来说,能推迟身体各组织器官结构和功能上的退行性变化,能有效地起到健身、疗疾、延缓衰老的作用。

太极拳综合了各家拳法之长,结合导引吐纳,采用腹式呼吸,能在练拳时汗流浃背而不气喘,动作畅通气血。它也融合了以阴阳为基础的经络学说,成为内外双修,身心并练,将意识、呼吸、动作三者结合为一的内功拳法。动作以松柔入手,练劲养气,可缓可快,柔中寓刚,刚中有柔。陈式太极拳以缠丝劲为灵,以内劲为统驭,形成刚柔相济,内外相合,上下相通,形意结合,阴阳互交。同时,太极拳以"掤、捋、挤、按、采、挒、肘、靠、进、退、顾、盼、定"等为基本方法。在运动中,要求静心用意,以意识引导动作,动作与呼吸紧密配合,呼吸要平稳,深习自然,动作要中正安舒,柔和缓慢,身体保持疏松自然,不偏不倚,动作绵绵不断,轻柔自然,动作弧形,圆活不滞,同时以腰为轴,上下相随,周身组成一个整体。突显出了太极拳在增强体质、养生保健、延年益寿方面的作用。

二 太极拳的特点与作用

(一)太极拳的特点

身体健康是人类追求永恒的主题,在众多的健身运动中,太极拳养生功法运动绵缓、柔活,强调意识、动作和呼吸配合,重视人体均衡发展,适应于不同人群的养生、祛病和延年的需要,主要有以下特点:

1. 心静体松,刚柔相济

养生功讲究动静结合,内外兼修,形神合一。太极拳养生功法内涵丰富,特别是继承了中国传统哲学《易经》的太极阴阳学说,处处体现阴阳之道,刚柔相济。太极拳功法在练习时必先做到心静体松。心静是指思想上排除杂念,拒绝干扰而修心澄性,使中枢神经系统调节达到最佳状态。体松是指身体在保持正确动作姿势的基础上处于放松自然状态。心静体松是太极拳架势平稳,动作舒展且不僵不拘的前提,能充分体现一个"慢"字,以慢生柔,以柔生刚,刚柔互济。而太极拳养生功法的每个动作都是有开有合,都有运劲和落点。开则表现为柔,合则表现为刚;运动过程中表现为柔,运动落到则表现为刚,打出一种似刚非刚、似柔非柔、沉重而又灵活的内劲。

2. 连贯圆活,和顺自然

此为太极拳养生功法的又一特点。陈氏太极拳大师陈鑫老先生说:"太极拳,缠法也。"缠丝劲,就是上下浑圆,气脉贯通,缠绕拧捋的一种力量,缠丝劲的功夫深浅,决定了习拳者的境界所在。"连贯"是指从起势到收势过程中动作之间没有明显停顿,不论虚实变化和姿势的过渡转换都紧密衔接而一气呵成,绵延不绝。"圆活"即拳路整体以浑圆为本,上肢时刻保证弧形而下肢取柔和的半弯曲,身体各部位必须保持一定的弧或圆形,且时刻处于有效的放松状态。因太极拳的一招一式均仿太极图形而生,故自始至终需保持圆弧状态。如太极拳势一般由两手臂构成,俨然太极图的阴阳二鱼形态,各招式均需两手臂同时运转,分之为阴阳,合之为整体圆。同时,这些圆不仅要表现于外在的形象上,更重要的是这些外在的动作路线的圆要与自然的圆及人体内在运动的圆和谐一致,形成整体。"自然"即拳路设计目的明确,直白简练,行拳走架自然流畅,舒展大方,一招一式不落自然的野性。和顺自然则确保机体周身各部的协同做功的运动能力。圆活和顺与舒展连贯的放松姿势可保证肌肉运动更富有节奏,从而有效帮助人体的气血运行,使营养和能量物质顺畅输入到组织和器官,同时清除体内代谢产生的废物,保证肌体活力。

3. 意为先导,气劲相随

以意识引导外形动作,以肢体的外形动作宣导内气是传统养生术的重要特点。《陈氏太极拳图说》讲:"打拳上场,手足虽未运动,而端然恭正之中,其阴阳开合之机,消息盈虚之数,已俱寓于心腹之内。此时意志凝神,专注于敬。"

意是指人的思维意识,是大脑对人的生命过程中动态变化的控制。气是指人的呼吸,力是指人的动作用力。太极拳养生功法作为内外兼修的内功拳,在走架子时,一举一动都是在意识指挥下,将导引、吐纳术和手、眼、身、步法的协调动作和发力有机地结合起来,开呼蓄吸,顺其自然。练习时手到眼到气到,每一招式都是深邃意走,意行气行,气到意到,力随心到,做到意、气、力的相互配合,协调一致。太极拳养生功法的动作要求在大脑的控制下起吸落呼,开吸合呼;在意念驱使下的均匀深长呼吸,可使心脏收缩有力,血液循环加速,促使动脉供血充足,加强心肌营养。意识指导下的肌肉运动对人体经络产生刺激,促使体内元气调集充实。太极拳练功的过程就是练意、导气、运力的过程。太极拳的意念与呼吸、动作必须相互配合,强调以意导气、以意导力,力由意生,劲出自然,不求拙力。强调动作和呼吸运气相结合,不仅做到"气沉丹田",而且在练动作的同时进行"丹田内转",有时也可在呼吸时发声(如呵、嘘、吹),以加大劲力。

三 26式陈式太极的动作图解

陈式太极拳以其鲜明的技术风格和健体养生的独特魅力深受欢迎。由于其动作复杂、缠绕折叠,技法刚柔相济,劲走螺旋,初学者不经过长时间的练习和体悟,较难掌握陈式太极拳套路的动作规格和技术特点。26式陈式太极拳是在传统陈式太极拳套路的基础上编制而成的,编者根据陈式太极拳项目的特点,将其中手法复杂的动作加以简化,删除了传统套路中重复过多的动作,以便于初学者掌握。套路分两段,共26个动作,约占传统套路的三分之一。整个套路运动量适中,易学易练,以继承和保持传统套路的技术特点为主要目的,着重于简化套路布局,规范技术动作,明确项目的基本方法,突出项目的风格特点。

(一)动作要领

学者在练习中首先要做到立身中正。身法端正后,动作才能合顺。两肩与两胯,两肘与两膝,两手与两足,上下相随。运动中,头顶百会穴犹绳提一般,顶劲虚虚领起,胸部舒松,使胸中之气自然下沉,"中气",不偏不倚,上下一气贯通。外在动作以柔为根本,做到舒展、徐缓、连贯、协调;内在做到心静意专、呼吸自然,气不可上逆,以突出陈式太极拳松静圆活、虚实分明、动分静合、刚柔相济的风格特点。

1. 立身中正,虚实分明

立身中正是指"虚领顶劲"和"松胯塌腰"相配合时,身体的中正安舒。虚领顶劲使头顶的百会穴处微微领起,顶劲领起身体自然中正,不会出现左右歪斜的弊病。松胯塌腰使腰劲下塌,"中气"下沉入于"丹田",身体重心自然稳定,腰部以上顶劲上领,腰部以下劲力下落,达到一气贯通的效果,使身体处于立身中正的姿态。

2. 心静意专,呼吸自然

以意识引导外形动作,以肢体的外形动作宣导内气,是传统养生术的重要特点。先贤有云:"心定则气聚而形固,心摇则气涣而形萎。"练习前的心理调节十分重要,心静则精神内敛,精神内敛自然意识集中。内心意识与外形动作相结合,"惟凝神导引,与天地阴阳往来消息"。此时心思一旦杂乱,就会影响动作,导致气势散漫,无法达到预期的健身效果。套路练习中,要求初学者呼吸要顺其自然,把意识集中在套路上。若刻意把动作配合呼吸进行练习,反而顾此失彼引起憋气、动作散乱等种种弊病。

3. 上下相随,节节贯穿

上下相随,首先要明确上下的关系。腰部以上肩、肘、手,腰部以下胯、膝、足,这几个身体的部位,要做到肩与胯合、肘与膝合、手与足合,此为外三合;内三合为心与意合、意与气合、气与力合。内三合与外三合,要求内部的精神意识与外部的肢体动作互相结合,以意识引导动作,以肢体宣导"内气",达到上下相随,内外相合。

4. 轻沉兼备,意在拳先

轻,是动作轻缓柔和,动作呈开势时舒展大方,轻灵柔和。沉,指动作沉着稳健,动作呈合势时扎实有力,气魄强健。轻沉兼备指二者相结合。动作应似柔而含刚,精神要内藏而不露。动作运行中要轻灵而不飘浮,沉着而不僵滞。

(二)练习方法

1. 根据动作姿势的高低可分为"高、中、低"三种身法进行练习

拳架姿势放高,速度放慢,发力动作改为不发力打法,缓缓击出。动作放慢放柔,着重于体会动作运行时的松、柔、圆、活。拳架姿势略微下沉,动作舒展、徐缓、连贯、协调。发力动作弹抖有力,着重于体会动作的蓄发互变、刚柔相济。拳架姿势放低,膝部和髋部的内侧夹角,约在90度以上。动作快慢相间,发力时动作弹抖有力,饱满充实,蓄发互换、刚柔相济。

2. 根据套路动作的内容可进行分组、分段、整套和重复练习

套路中节奏变化分明或练习者难以掌握的某组动作,可进行分组练习。同前面的单式和典型动作练习相比,运动量由小到大,有助于加深、强化和提高练习者的专项运动能力及技术。练习者可按套路内容分为两段或数段动作进行练习。动作速度由慢至快,再由快转慢,快慢之间的相互转换,有助于体会其中蕴藏的精神内涵,也有助于提高演练套路的技术层次。练习时可以间歇进行,完成一次整套动作,经过调整后再进行第二次整套动作练习,也可以直接进行套路的重复练习。陈式太极拳的传统练法往往将套路连续数十遍,由起式到收式反复进行练习,用以强化动作技术,提高专项身体素质。

3. 基本功的练习

初学者还可进行单式、典型动作练习,以达到巩固基础、提高专项身体素质的效果。

(三)动作图解

1. 第一式　太极起式

动作一:两脚并立,脚尖向前,立身中正,头部保持正直,下颚微收,两眼平视前方。两手自然下垂于上体两侧。(图5-1-1)

动作二:提左膝起至胯平,脚尖自然下垂,左脚向左落步,两脚与肩同宽,脚尖向前。(图5-1-2、图5-1-3)

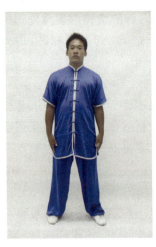  

图 5-1-1　　　　　　图 5-1-2　　　　　　图 5-1-3

动作三：双手上掤，慢慢平举，两手高于肩平，腕部突出。上体保持正直，两掌缓慢、匀速下按，松腰松胯，缓慢屈膝下蹲。（图5-1-4、图5-1-5）

图 5-1-4　　　　　　图 5-1-5

2. 第二式　金刚捣碓

动作一：双手向左掤出，掌心朝外，右手上领，左手顺势随右手向身体右侧将出。（图5-1-6、图5-1-7）

传统体育养生功法 第五章

图 5-1-6

图 5-1-7

动作二：双推掌提左膝，左脚向斜前方铲出，目视前方，双手由后向前划圆，左臂掤出，掌心朝内，与胸同高。（图 5-1-8 至图 5-1-10）

图 5-1-8

图 5-1-9

图 5-1-10

动作三：右脚上步挑右掌，掌心朝上，右手握拳垂直上领，提膝冲拳，震脚砸拳，落于左掌内，目视前方。（图 5-1-11 至图 5-1-15）

049

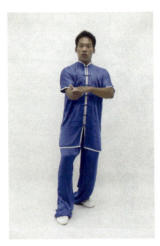
图 5-1-11

图 5-1-12

图 5-1-13

图 5-1-14

图 5-1-15

3. 第三式 懒扎衣

动作一：双手向左上方划弧，双臂划立圆，胸前合手，上体重心移至左腿，提右膝向右侧铲出，提膝、铲脚要与合手相配合。（图 5-1-16 至图 5-1-20）

动作二：上体向右移重心摆右掌，掌心朝外，目视右手前方。（图 5-1-21）

传统体育养生功法 ◀ 第五章

图 5-1-16

图 5-1-17

图 5-1-18

图 5-1-19

图 5-1-20

图 5-1-21

051

4. 第四式 六封四闭

动作：双手挪出，掌心朝外，然后下捋，至腹前向左上方伸展，开与肩平，两掌由胸前向右侧推出，重心慢慢右移，左脚点地目视右前方。（图 5-1-22 至图 5-1-26）

图 5-1-22

图 5-1-24

图 5-1-25

图 5-1-26

5. 第五式　单鞭

动作：双手向下向右划弧，至右肩时右手变勾手，左手托于胸前，右移重心至右腿，同时提左膝，向左上步，左掌上托，上体重心左移，转腰带动左手向左反掌划弧推出，目视左前方。（图 5-1-27 至图 5-1-30）

图 5-1-27　　　　　　　图 5-1-28

图 5-1-29　　　　　　　图 5-1-30

6. 第六式　白鹤亮翅

动作一：两掌向右划弧，重心左移，左臂向前掤出与胸同高，左掌掌心朝内，右臂落于右膝上，右手掌心朝前。（图 5-1-31 至图 5-1-33）

动作二：提右膝上步，两掌胸前划立圆，合于胸前挑右掌，斜前方上右步，右移重心摆掌，左手落于上体左侧，掌心朝下，右掌划弧于右肩，掌心朝前方，松肩松胯目视前方。（图 5-1-34 至图 5-1-36 正）

图 5-1-31

图 5-1-32

图 5-1-33

图 5-1-34

图 5-1-35

传统体育养生功法 第五章

图 5-1-36　　　　　　图 5-1-36 正

7. 第七式　斜行

动作一：右手向左下方划圆，重心左移上体右转推左掌，右手按至胯旁，然后右移重心，两掌向上体右侧推出收左脚提左膝。（图 5-1-37 至图 5-1-39）

图 5-1-37　　　　　　图 5-1-38　　　　　　图 5-1-39

动作二：左脚向左侧上步，屈膝下蹲，双手由后向前以右肘绕过左膝同时身体前倾，步型为左弓步。（图 5-1-40、图 5-1-41）

动作三：上体直立，左手变勾手缓慢提起，右手推至胸前，然后向右侧划弧推

出，目视右前方。(图 5-1-42、图 5-1-43)

图 5-1-40

图 5-1-41

图 5-1-42

图 5-1-43

8. 第八式　搂膝拗步

动作一：双手划弧下捧，掌心朝上，右移重心提左膝，两掌上托于胸前，掌沿朝前，掌尖朝上，左脚离地内收后，脚尖点地。(图 5-1-44、图 5-1-45)

动作二：两掌下捋同时提左膝，重心前移，上左步，两掌向下划弧，左掌落至上体左侧，掌心朝下，然后上右步，落步时右脚跟着地，同时右掌由肩推至前方，平视

前方。（图 5-1-46 至图 5-1-48）

图 5-1-44　　　　　　　　图 5-1-45

图 5-1-46　　　　　图 5-1-47　　　　　图 5-1-48

9. 第九式　掩手肱拳

动作一：左脚向左前方上步，左掌向左上方划弧与右掌合于胸前，左臂落于右臂上，重心左移，两臂外摆，重心右移成右弓步，右手握拳于腰间，左掌收于胸前，掌心朝前。（图 5-1-49 至图 5-1-52）

动作二：重心左移，左脚蹬地，转腰送胯，右拳从腰间向前冲出。（图 5-1-53）

图 5-1-49

图 5-1-50

图 5-1-51

图 5-1-52

图 5-1-53

10. 第十式　金刚捣碓

动作一：左臂内旋，右臂外旋，双臂划立圆上领后，左臂落于右臂上。（图5-1-54）

动作二：重心右移，两拳变掌，左掌向右下方划圆，右掌向右下方划弧，两掌合于胸前，左掌落于右肘上方，掌心朝下，右掌向前托出，掌心朝上。同时右移重心扣左脚，右脚以脚尖划弧向外划弧，点于左脚前。（图5-1-55、图5-1-56）

动作三：右手变拳上领，提右膝震脚砸右拳，落于左掌内，两脚与肩同宽，目视前方。（图5-1-57至图5-1-60）

图5-1-54

图5-1-55

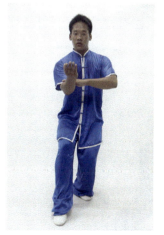

图5-1-56

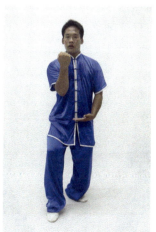

图5-1-57

图5-1-58

图 5-1-59　　　　　　图 5-1-60

11. 第十一式　撇身拳

动作一：左脚向左平移，同时两手变掌指尖相对，掌心朝上，向相反方向平拉与肩同宽，左移重心，然后两掌变拳，左拳收于腰间，右拳向前内旋划弧至胸前，拳心朝上，拳面朝前。（图 5-1-61、图 5-1-62）

动作二：右移重心，右臂向左划弧落于腰间，左臂向前划弧落于胸前，两拳心朝上。（图 5-1-63）

动作三：上体重心左移，右肘绕过右膝上方后收于右膝下方，重心左移，右拳顺势右摆，重心右移，右拳上领，拧腰翻拳。左脚内扣，右拳、左肘、左膝、左脚斜相对，目视左下方。（图 5-1-64、图 5-1-65）

图 5-1-61　　　　　　图 5-1-62

图 5-1-63

图 5-1-64

图 5-1-65

12. 第十二式　双推掌

动作一：双手右侧推出，下捋至腹前向左展开，重心左移，左脚外摆，收右脚，两掌向左摆至胸前，左掌朝上，右掌朝下。（图 5-1-66 至图 5-1-68 正）

动作二：双手由胸前向右推出，同时重心右移左脚点地，目视前方。（图 5-1-69、图 5-1-70）

图 5-1-66

图 5-1-67

图 5-1-68　　　　　　　图 5-1-68 正

图 5-1-69　　　　　　　图 5-1-70

13. 第十三式　肘底锤

动作一：两掌划立圆，右掌上托领伸，左掌下落至腰间，同时右脚外摆，左脚向前点地，左手上领，冲右拳至肘下，眼平视。（图 5-1-71 至图 5-1-73）

图 5-1-71

图 5-1-71 正

图 5-1-72

图 5-1-73

14. 第十四式　倒卷肱

动作一：撤左步推右掌，左移重心，左手向下划弧，双手展开，推左掌至胸前，掌心朝下，右掌上托，掌心朝上。（图 5-1-74 至图 5-1-78）

动作二：撤右步推左掌，右移重心，右手向下划弧。（图 5-1-79、图 5-1-80）

图 5-1-74

图 5-1-75

图 5-1-76

图 5-1-77

图 5-1-78

图 5-1-79

图 5-1-80

动作三:撤左步,双手向前掤出。再撤左步,双手下捋,左移重心。左手于胸同高,右手落于右膝上方,目视左前方。(图5-1-81至图5-1-84)

图5-1-81　　　　　图5-1-82

图5-1-83　　　　　图5-1-84

15. 第十五式　闪通背

动作一:右手向上划圆弧,左手下落,上右步按掌,右脚外摆,上左步按左掌,蹬右腿,同时右掌掌心朝上,由腰间向前上方穿出,指尖上领,目视前方。(图5-1-85至图5-1-88)

动作二:右手上领,以左脚为轴身体向右转半周,震右脚按掌,左脚向右前方上步,目视左侧方。(图5-1-89至图5-1-91)

图 5-1-85　　　　　　图 5-1-86

图 5-1-87　　　　　　图 5-1-88

图 5-1-89　　　　　　图 5-1-90

图 5-1-90 侧　　　　图 5-1-91

16. 第十六式　掩手肱拳

动作一：左脚向左上步，两掌外旋，两臂外摆，重心右移，成右弓步，右手握拳。（图 5-1-92 至图 5-1-93 正）

图 5-1-92

图 5-1-93　　　　图 5-1-93 正

动作二：左移重心，蹬腿冲拳。（图5-1-94、图5-1-94正）

图5-1-94　　　　　　　　　图5-1-94正

17. 第十七式　六封四闭

动作：两掌向胸前推出，左掌在下，右掌在上，然后向下划弧，同时左脚尖外摆，重心左移，双手捋至腹前向左上方伸展与肩平，双手由胸前向右侧推出，重心右移，左脚点地，目视右前方。（图5-1-95至图5-1-98）

图5-1-95　　　　　　　　　图5-1-96

传统体育养生功法 ◀ 第五章

图 5-1-97

图 5-1-98

18. 第十八式　单鞭

动作：两掌向下逆时针划弧，左掌至右肩时勾右手提左膝，左脚向左上步，右移重心摆左掌，目视左手前方。（图 5-1-99 至图 5-1-102）

图 5-1-99

图 5-1-100

图 5-1-101

图 5-1-102

19. 第十九式　云手

动作一：右手划立圆，右移重心后，左脚向右后方插步，双手划立圆。（图 5-1-103、图 5-1-104）

图 5-1-103

图 5-1-104

动作二：右脚向右上步，双手划立圆，右移重心，左脚向右后方插步，右手划立圆。（图 5-1-105 至图 5-1-107）

图 5-1-105　　　　　图 5-1-106　　　　　图 5-1-107

20. 第二十式　雀地龙

动作一：双手握拳，两臂交叉，左臂落于右臂上，重心右移。（图 5-1-108）

动作二：右臂内旋上领后，拳心翻转向前，同时重心右移下落，成右扑步，左臂向前下落，拳心向上，目视前方。（图 5-1-109）

图 5-1-108　　　　　　　图 5-1-109

21. 第二十一式　上步七星

动作一：左移重心，成左弓步，同时左脚外摆，左拳上冲，拳心朝内，右臂落于体侧，拳心朝上。（图 5-1-110）

动作二：左脚外摆，同时重心左移，左拳上领，上右步右拳随即冲入左拳下，两拳心朝内。（图 5-1-111）

图 5 - 1 - 110　　　　　　　图 5 - 1 - 111

动作三：身体重心下降微下蹲，双拳翻转内收成掌，右掌在里，掌心朝外，顿步阵脚推掌。（图 5 - 1 - 112、图 5 - 1 - 113）

图 5 - 1 - 112　　　　　　　图 5 - 1 - 113

动作四：重心左移扣左脚，身体右转，双手上领交叉，两掌心朝两侧，后震右脚按掌，掌心朝下，右掌在上，目视前方。（图 5 - 1 - 114、图 5 - 1 - 115）

图 5-1-114　　　　　图 5-1-115

22. 第二十二式　下步跨虎

动作一：重心右移，右脚尖外摆，左脚点朝斜前方，双手上划弧合臂，右手在左臂内侧，指尖朝斜上方。（图 5-1-116）

动作二：重心左移，双手后捋，撤右步，成右弓步。（图 5-1-117）

图 5-1-116　　　　　图 5-1-117

23. 第二十三式　摆莲脚

动作一：重心左移，双手下捋按掌，右脚收于左脚旁，脚尖点地，右腿由前向后做扇形摆动，双掌依次拍击右脚面。（图 5-1-118 至图 5-1-119）

图 5-1-118

图 5-1-118 正

图 5-1-119

动作二：双掌向前推出，掌心朝外，右脚下落至左脚一侧，脚尖点地。（图 5-1-120）

图 5-1-120

24. 第二十四式　当头炮

动作一：撤右步双手向前推出后下捋，两掌变拳，右拳收腰间，拳心朝内，左拳收至腹前方，拳面朝前。（图 5-1-121 至图 5-1-123）

动作二：双臂屈肘，右拳心向下，左移重心向左侧抖出。（图 5-1-124、图 5-1-124 正）

传统体育养生功法 ◀ 第五章

图 5-1-121

图 5-1-122

图 5-1-123

图 5-1-124

图 5-1-124 正

25. 第二十五式　金刚捣碓

动作一：两拳变掌向后划弧，右移重心，左臂向前掤出，同时左移重心。（图 5-1-125、图 5-1-126）

动作二：右脚向前上半步至左脚前，脚尖点地，右掌向前挑掌，掌心朝上，右手握拳上领，提膝冲拳，震脚砸拳，落于左掌心内，目视前方。（图 5-1-127 至图 5-1-131）

075

图 5-1-125　　　　　　　图 5-1-126

图 5-1-127　　　　　图 5-1-128　　　　　图 5-1-129

图 5-1-130　　　　　　　图 5-1-131

26. 第二十六式　太极收式

动作一：双手由身体两侧划弧上领。（图 5－1－132、图 5－1－133）

动作二：至头顶时握拳，下按经胸至腹前落于身体两侧，掌心朝下。（图 5－1－134 至图 5－1－136）

动作三：左脚收回，并步站立，两掌收于上体两侧。（图 5－1－137）

图 5－1－132

图 5－1－133

图 5－1－134

图 5－1－135

图 5－1－136

图 5－1－137

第二节　健身气功——大舞

一　健身气功——大舞功法概述

"大舞"一词源于罗泌的《路史》:"阴康氏之时,水渎不疏,江不行其原,阴凝而易闭,人既郁于内,腠理滞著而多重膇,得所以利其关节者,乃制为之舞,教人引舞以利道之,是谓大舞。"在汉代《尚书》里也有习练"宣导郁淤""通利关节"的"大舞"或"消肿舞"的描述。《吕氏春秋·古乐》:"昔陶唐氏之始,阴多滞伏而湛积,水道壅塞,不行其原,民气郁阏而滞著,筋骨瑟缩不达,故作为舞以宣导之。"《黄帝内经》:"中央者,其地平以湿,天地所以生万物也众,其民食杂而不劳,故其病多痿厥寒热,其治以导引按蹻。"从以上文献资料的记述中可知"舞"都属于"引导"的范畴,具有相同的功能。

除有关"大舞"的直接文献记载,湖南长沙马王堆汉墓出土的《引导图》人物中"舞"之特征和较多的"舞"之动作,也是编创健身气功——大舞的重要史料。在青海省大通县上孙家寨发掘的新石器时代墓葬中,出土了一件与古代气功有关的"舞"纹彩陶盆。彩陶盆绘有几组人物"舞"的形式,整个画面人物突出,神态逼真。经测定彩陶盆属马家窑文化,距今约5000年。中国古代的原始崖画、壁画、帛画等记载了丰富的"舞"元素。湖北随州出土的曾侯乙编钟及其乐舞,蕴含了乐舞的多种形式,为研究原始"舞"的运动形式和运动特征提供了重要证据。由此可见,不论是"大舞"的文字记载,还是实物的"舞"之图画,均说明了中华民族祖先运"舞"来康复疾病的真实性。这些蕴含"舞"的信息全面而丰富,为研究和编创健身气功——大舞提供了重要依据和启示:第一,大舞产生的时间是唐尧时期,唐尧至今约五千年历史;第二,大舞产生的地点是中原地带;第三,水道壅塞,不行其原,这种自然气候的变化导致了民气郁阏而滞著,筋骨瑟缩不达,是大舞产生的重要原因;第四,解决民气郁阏、筋骨瑟缩、腠理滞著的方法是以"舞"宣导,以通利关节;第五,利于宣导之"舞"才称为"大舞",大舞是有意识地、自主地进行的身体活动,以达到促使某些疾病康复的目的。第六,以舞宣导,内容是宣和导,宣是宣发、发散、升发、展开之意,导有导引、疏通、使其恢复之意。

今天编创健身气功——大舞立足于气功健身,突出"通利关节,以舞宣导"的特点,应用升、降、开、合的肢体动作,配合呼吸、意念,调理肝脏,疏理气血,培补元气,康复疾患,从而达到健身的目的。这既是对5000年前中华文化的传承,又体现了与时俱进的思想。通过研究得到的这些共识,为编创健身气功——大舞奠定了坚实基础。

二 健身气功——大舞功法特点与作用

(一)以舞宣导,通利关节

健身气功——大舞是以古代朴实的舞蹈动作为基础,融合导引的"三调",来宣发、疏通、调理人体气机,改善气血运行及关节功能的。

在人体运动中,骨起着杠杆作用,骨连结起着枢纽作用,而肌肉收缩则提供了动力。骨与骨之间的每个连结都是一个器官,它的形态结构随着人体内、外环境的改变而改变。健身气功——大舞的主要特点就是通利关节,以舞宣导,即通过髋、膝、踝、趾、肩、肘、腕、掌、指等关节的屈伸环转等运动,来梳理、柔畅关节筋脉,调和、疏通肢体经络和气血。同时,通过抻、拉、旋转、震、揉等方法舞动躯干,达到疏导、通利躯干关节筋脉及相应经络和气血的目的。筋肉是人体外在的系统组织,脏腑是人体内在的系统组织。躯干在舞动中,不仅疏导、通利人体外在的系统组织,还揉按人体内在的组织,从而调和、舒畅五脏六腑的气血运行。

(二)以神领舞,以舞练形

传统医学认为,"神"是人体的精、气、血、津液、脏腑、经络、四肢百骸功能活动的外在表现,人的精神意识活动,是人体生命活动的主宰者。《素问》:"心藏神。""心者,君主之官,神明出焉。"又有"神乃形之主,形乃神之宅"之说,可见心神在人体生命活动中的重要作用。健身气功——大舞以优美的舞蹈元素为表现形式,其舞的神韵、舞的风采、舞的律动、舞的美感、舞的快乐等,均与气血调和,阴阳平衡,内外协调,产生平和、宁静、甜美的心神是密切相关。故功法注重以神引领舞姿,以愉悦滋润舞姿,以和谐的舞姿调和内心。舞姿的变化引导着全身运动,带动各关节、肌肉活动,起到调练形体的作用。因此,以神领舞、以舞调心也是健身气功——大舞的主要特点之一。

(三)古朴大方,外动内舞

健身气功——大舞传承于古老文化,动作朴实,舞姿柔和,节奏舒缓。这一特点主要来源于"内舞外动"的运动特征。"内舞"是指脏腑、经络、气血的运动及其有规律的变化。"外动"是指人体是一个有机整体,有其内必先其外。因此需要在运用传统医学原理对人体生理功能归纳总结的基础上,通过优美的舞姿来达到外导内引、内生外发、内外合一的目的,使外在的舞姿、动势对内在的生理活动起到顺水推舟之效。

(四)身韵圆和,意气相随

"身"指身法,是外显的动作,如以脊椎为轴线的躯干做上提、下沉、内含、外腆、横拧、倾仰、冲靠、划圆、侧提等动作,带动四肢展现出各种舞姿或形态。"韵"指规律,是内在的表现,如气韵、呼吸、意识、情感、神采等。当艺术的"韵"与健身气功——大舞的具体动作相结合时,就形成了健身气功——大舞独特的律动性,体现出健身气功——大舞圆和的神韵和风采。

健身气功——大舞中身韵的表现,主要体现在意气相随中阴阳的开合变化。如"震体势",是以中焦为开合的原点,做上提下沉的舞姿,与脾胃的升清降浊功能相应。又如"揉脊势",以胸为原点,分别做合、含、屈、降和开、腆、伸、仰、宣发的动作,与肺主气、司呼吸、宣发肃降的生理功能相应。此功法还十分注重摆动,其摆臀形成"三道弯"的动作,既体现了古老朴实的优美舞姿,又带动了脊椎的旋转屈伸,导引了督脉气机,使日常生活中活动较少的部位得到了锻炼,还起到了牵引经络、筋骨与调和气血的作用。

(五)刚柔相济,鼓荡气息

人是由不同的组织系统构成的有机整体,运动中各系统间是相互协调配合的。人的运动既是完美的"舞蹈",又是可以发出不同音律的"乐器"。健身气功——大舞正是这样的运动,它的舞姿既舒展大方、松柔缓慢,又有着内在的阳刚之美。例如"开胯势",上肢松柔缓慢地摆动如春风摇柳,而髋、肩关节左右上下运动则是相对用力的抻拉与相合。整个动作既表现出舞的动律感,又体现了阴阳相间、刚柔并济的传统养生思想。

三 健身气功——大舞功法动作图解

(一)动作名称

预备势;第一式:昂首势;第二式:开胯势;第三式:抻腰势;第四式:震体势;第五式:揉脊势;第六式:摆臀势;第七式:摩肋势;第八式:飞身势;收势。

(二)动作图解、技术要领及健身作用

1. 预备势

【技术要领】

动作一:两脚并拢,两腿自然伸直站立;两臂自然下垂于体侧,两掌心轻贴腿外侧;下颏微收,头正颈直,竖脊舒胸,周身中正,唇齿合拢,舌尖放平,轻贴上腭,自然呼吸,面带微笑,目视前下方。(图5-2-1)

动作二:屈肘,两掌于腹前十指相对,掌心向上,缓缓上托,与膈肌同高;目视前下方。(图5-2-2)

动作三:接上动,动作不停。两掌指尖向前、向两侧分开外展约与肩等宽时,向内旋腕,转掌心斜向上,指尖向侧上方。(图5-2-3)动作不停,两臂弧线上举,左、右手举至额部前上方约30°,两手臂夹角约90°,两臂微屈成弧形,掌心斜相对,同时配合吸气;动作略停,目视前上方。(图5-2-4)

动作四：两臂屈肘内收，两手收至胸前，十指相对，掌心向下，两掌下按与肚脐同高，相距 10cm，引气归元；同时，屈膝下蹲约 45°，配合呼气；目视前下方。（图 5-2-5）

图 5-2-1

图 5-2-2

图 5-2-3

图 5-2-4

图 5-2-5

【注意事项】

（1）百会上领，周身中正，呼吸自然。

（2）松肩虚腋，腰腹放松，尾闾下垂，微微提肛。

（3）气沉丹田，心平气和，面带微笑。

【功理作用】

(1)气沉丹田，内安脏腑，外松筋骨，利于气血运行，为练功做好准备。

(2)心神宁静，心静气定，气定神敛，利于心理调节。

2. 第一式　昂首势

【技术要领】

动作一：接上式。左脚向左开步，脚尖向前两脚略宽于肩，两膝自然伸直；同时，两手臂侧起至侧平举，肘微屈，掌心向上，指尖向外；配合吸气，目视前方。（图5-2-6）

动作二：屈膝下蹲约45°；同时抬头翘尾，脊椎反弓，沉肩落肘，腕关节外展，掌心向上，掌根与耳同高，指尖向外，配合呼气；动作略停，目视前上方。（图5-2-7）

动作三：两膝自然伸直；同时下颌回收，头中正，尾闾下垂，躯干伸直，两臂外展成侧平举，肘微屈，掌心向上，指尖向外；配合吸气，目视前方。（图5-2-8）

图5-2-6

图5-2-7

图5-2-8

动作四：重心右移，左脚收回并步，两膝伸直；同时两臂向上环抱，指尖相对，掌心斜向下；配合吸气，目视前方。（图5-2-9）

然后，引气归元，两掌经体前下按至肚脐同高，相距10cm，指尖斜相对；同时，屈膝下蹲约45°；配合呼气，目视前下方。（图5-2-10）

动作五～八：同动作一～四，唯左右开步相反。（图5-2-11至图5-2-15）

本式昂首翘尾，一左一右各做1遍。

传统体育养生功法 ◀ 第五章

图 5-2-9

图 5-2-10

图 5-2-11

图 5-2-12

图 5-2-13

图 5-2-14

图 5-2-15

083

【注意事项】

（1）下蹲脊椎反弓时，以两肩胛之间的神道穴为点，左右肩胛、头、尾部均向神道穴收敛和适度挤压，收敛挤压时肩胛稍前，头、尾部稍后；起身直立时左右肩胛先松开，随之头、尾部松开。

（2）下蹲时，沉肩、坠肘、压腕（即腕关节充分伸展）。

（3）颈椎病、腰椎间盘突出患者做下蹲脊椎反弓时，要根据身体情况量力而行，动作幅度应由小到大，循序渐进。

（4）起身时，动作要缓慢。

【功理作用】

（1）通过重复脊椎反弓的动作，可以有效牵引椎间关节。

（2）通过下蹲和刺激神道穴，能够增强下肢力量和平衡能力，同时对脊椎、心、肺有较好的调理作用。

（3）脊椎反弓和伸展胸腹，有利于改善胸、腹腔的血液分布。

3. 第二式　开胯势

【技术要领】

动作一：接上式。重心右移，左脚向左前方约30°上步，成左弓步；同时，两臂侧起至头顶前上方约30°，掌心相对，相距约20cm，指尖向上，肘微屈；两臂侧起时，先掌心向后，侧起至45°时，两臂外旋，逐渐转掌心向上，经侧平举至头顶前上方；配合吸气，目视前方。（图5－2－16）

动作二：接上动，动作不停。右脚上步至左脚内侧，脚掌着地成右丁步，左膝微屈；同时，沉肩坠肘，两手下落至额前，与额相距约5cm，掌心相对约20cm；目视前方。（图5－2－17）

图5－2－16

图5－2－17

动作三：接上动，动作不停。重心在左脚，屈膝下蹲约45°；臀部向左摆，以右脚掌为支点，右膝外开，带动右腿外旋，牵引右胯；同时，两臂向两侧展开、外撑，左掌向左撑至与肩同高，掌心向右上方，指尖向左上方，肘微屈，手臂成弧形，右掌至右上方约45°，成弧形，掌心向玉枕穴，指尖向上，配合呼气，动作略停，目视左手。（图5-2-18、图5-2-18背）

动作四：左膝伸直，右脚向右前方30°上步，成右弓步；同时，两臂侧起至头顶前上方约30°，掌心相对，相距约20cm，指尖向上，肘微屈；配合吸气，目视前方。（图5-2-19）

图5-2-18　　　　　　　图5-2-18背　　　　　　　图5-2-19

动作五～六：同动作二～三，唯左右向反。（图5-2-20至图5-2-21背）

动作七：右膝伸直，左脚向左后方约30°退步，成右虚步；同时，两臂侧起至头顶前上方约30°，掌心相对，相距约20cm，指尖向上，肘微屈；配合吸气，目视前方。（图5-2-22）

动作八：右脚退步至左脚内侧，脚掌着地，成右丁步，左膝微屈；同时，沉肩坠肘，两手下落至额前，与额相距约5cm，掌心相对约20cm，指尖向上；目视前方。（图5-2-23）

动作九：左腿屈膝下蹲约45°；臀部向左摆，同时，以右脚掌为点，右膝外开，带动右腿外旋，牵引右胯；两臂向两侧展开、外撑；左掌向左撑至与肩同高，掌心向右上方，指尖向左上方，肘微屈，手臂成弧形；右掌至右上方约45°，成弧形，掌心向玉枕穴，指尖向上，配合呼气，动作略停，目视左手。（图5-2-24、图5-2-24背）

动作十～十二：同动作七～九，唯左右相反。（图5-2-25至图5-2-27背）

本式上步一左一右开胯做1遍，退步一左一右开胯做1遍。

图 5-2-20　　　图 5-2-21　　　图 5-2-21 背

图 5-2-22　　　图 5-2-23　　　图 5-2-24

图 5-2-24 背　　　图 5-2-25　　　图 5-2-26

图 5-2-27　　　　　图 5-2-27 背

动作十三：接退步中的左丁步开胯。（图 5-2-28）重心在右脚，左脚向左开步，两脚平行，略宽于肩，两膝自然伸直，同时，两臂展开成侧平举，肘微屈，掌心向上，指尖向外；目视前方。（图 5-2-29）

图 5-2-28　　　　　图 5-2-29

动作十四：两臂向头顶上方环抱，指尖相对，掌心斜向下。配合吸气，目视前方。（图 5-2-30）

动作十五：松肩坠肘，两掌经体前下按，引气归元，按至腹前与肚脐同高，相距 10cm，指尖斜相对；同时，屈膝下蹲约 45°；配合呼气，目视前下方。（图 5-2-31）

图 5-2-30　　　　　　图 5-2-31

【注意事项】

（1）向左（右）摆臀，右（左）腿外旋时要充分，且有左右的撑劲。

（2）两臂展开时，肩胛要向左右拉开；同时，头向左（右）平转。

（3）臀部左右摆动时，以胁肋部的两侧协调引伸，带动尾椎至颈椎逐节拔伸，动作要柔中带刚。

（4）上步、退步要平稳，动作应缓慢。

（5）脊椎侧屈伸时，其动作幅度要根据练习者的柔韧能力而定，不可强求。

【功理作用】

（1）本式通过开合旋转来拉伸肩、髋，可起到以大关节带动小关节、以点带面的作用，以通利关节。

（2）在开胯时，通过脊椎做侧屈、侧伸，两臂左右伸展，牵引胁肋部，配合大敦穴点地外旋，以起到疏肝理气、疏导气血的作用，并增强下肢力量和平衡能力。

4. 第三式　抻腰势

【技术要领】

动作一：接上式。重心左移，右脚内扣，重心由左向右转动，以左脚跟为轴，脚尖外展约90°，身体随之左转约90°；同时，两掌合于膈肌处，随后微上提，掌根桡侧与胸相距约10cm，指尖向前上方；目视前方。（图5-2-32）

动作二：右脚自然伸直左膝上提，小腿、脚尖下垂，脚趾内扣；同时，掌根与膻中穴同高，掌根桡侧与之相距约10cm 指尖向前上方，与垂线约30°；目视前方。（图5-2-33）

动作三：右脚伸直，左脚尖上跷，向前蹬出，左腿伸直；目视前方。（图5-2-34）

图 5-2-32　　　　　图 5-2-33　　　　　图 5-2-34

　　动作四：屈右膝，左脚向左前方约 30°上步，成左弓步；目视前方。（图 5-2-35）
　　动作五：两脚不动，躯干前倾约 45°；同时两掌向前上方伸出，先目视前上方，当手臂伸直时，下颏回收，目视前下方；同时，两臂前伸至上臂内侧贴耳，右脚跟向后下方牵引；配合吸气，动作略停。（图 5-2-36）

图 5-2-35　　　　　　图 5-2-36

　　动作六：左脚不动，右脚跟离地右脚趾抓地；同时，手臂持续向前上方引伸；配合吸气，动作略停，目视前下方。（图 5-2-37）
　　动作七：重心后移，右脚跟落地，随后屈右膝，同时，左脚掌趾跷起，左腿伸直，翘臀、塌腰、挺胸、抬头；两掌收回于膻中穴相距 15cm，指尖向前上方，与垂线相距约 30°；配合呼气，动作略停，目视前上方。（图 5-2-38）

图 5-2-37　　　　　　　图 5-2-38

动作八~十三：重复动作二~七1遍。

动作十四：接上动。起身，右腿微屈，左脚掌内扣约135°。（图5-2-39）重心左移，右脚尖外展约135°，同时身体右转约180°；目视身体的前方。（图5-2-40）

图 5-2-39　　　　　　　图 5-2-40

重复动作二~七2遍，唯左右相反。（图5-2-41至图5-2-46）

本式前伸、后坐一次为1遍，先左2遍，后右2遍。

动作十五：左腿伸直起身，右脚掌内扣约90°，脚尖向前，重心右移，左脚跟内碾约45°，两脚平行，与肩同宽，直立；目视前方。（图5-2-47）随后，屈膝下蹲约45°；同时，两掌分开，转掌心向下，指尖斜相对，下按，引气归元，按至与肚脐同高，相距10cm；配合呼气，目视前下方。（图5-2-48）

传统体育养生功法 ◀ 第五章

图 5-2-41

图 5-2-42

图 5-2-43

图 5-2-44

图 5-2-45

图 5-2-46

图 5-2-47

图 5-2-48

091

【注意事项】

(1)前抻时,手、脚两头用力延伸牵引,躯干松中有紧,节节带动。

(2)前抻时手臂、躯干、后退成直线。

(3)重心向后时,以前脚大趾外侧的大敦穴为点跷起;同时充分翘臀塌腰。

(4)上步时要避免两脚前后在一条直线上,要保持身体平衡。

(5)抻拉时要避免突然用力和强直用力,要松中有紧,缓慢柔和。

(6)合掌时,两掌之间成空心。

【功理作用】

(1)通过手、脚两头缓慢持续抻拉,节节引开,抻筋拔骨,打开督脉,调理三焦,促进各关节周围的肌肉、韧带及软组织的气血运行。

(2)塌腰、翘尾、挺胸、抬头,合掌收于膻中穴前,可调理任督二脉和心肺功能。通过脊椎的反向牵拉,对颈椎、腰椎及下肢关节有良好的保健和康复作用。

5. 第四式　震体势

【技术要领】

动作一:接上式。两腿伸直;同时,两臂侧起至侧平举,掌心向下,指尖向外;配合吸气,目视前方。(图5-2-49)

动作二:屈膝,下蹲成马步;同时,两臂从体侧下落至约45°时,屈肘,两臂内收,与肩同宽,成弧形,上臂至前下方约45°,两掌与肚脐同高,掌心向上,指尖向前;配合呼气,目视掌心。(图5-2-50)

动作三:两腿缓慢伸直;同时,两手握固,大拇指指端掐无名指指根内侧,从小指至食指,依次内收抓握,收于腹前,拳面相对,掌心向上,拳轮轻贴肚脐两侧;目视前方。(图5-2-51)

图5-2-49　　　　　图5-2-50　　　　　图5-2-51

随后,重心右移,左腿屈膝上提,高于水平,小腿下垂,脚趾上跷;同时,两前臂内旋,转拳背相对约5cm,两腕自然上提,拳面经耳门,提至头顶上方,肘微屈,拳面相对,相距约10cm;配合吸气,目视前方。(图5-2-52)

动作四:左腿放松下摆至后下方,约垂线向后15°;同时,松肩坠肘,两臂分别从两侧下落,至水平时,由拳变掌,掌心向上,指尖向外。动作不停,两臂内旋下落,两侧的合谷穴轻击大腿外侧中线的胆经;配合呼气,目视前方。(图5-2-53)

左脚向左开步,稍宽于肩,脚大趾至脚跟依次落地,两腿自然伸直;同时,两臂顺势侧起约45°。(图5-2-54)

图5-2-52　　　　　　　图5-2-53　　　　　　　图5-2-54

动作五:两脚不动;身体右转约45°,带动左手,向体前划弧至前正中线,与膻中穴同高,掌心向上握固(划弧时,左臂逐渐外旋,肘微屈);同时,带动右手向体后划弧至后正中线,与命门穴同高,掌心向上握固(划弧时,右臂逐渐内旋,肘微屈);配合吸气,目视左手。(图5-2-55,图5-2-55侧)

动作六:两腿屈膝下蹲约30°;同时,身体转正,松肩坠肘,左手拳轮轻击下丹田,同时,右手拳眼轻击骶骨;配合呼气,目视前下方。(图5-2-56)

动手七:两腿缓慢伸直;同时,躯干右旋约90°,两拳变掌,左手向右伸出,肘微屈,掌心向上,与膻中穴同高,指尖向右,右手向左伸出,肘微屈,掌心向上,与命门穴同高,指尖向左;目视左手。(图5-2-57)随后,身体转正,带动左手经右前方、前方、左前方至左;右手经左后方、后方、右后方划弧至右,两臂成侧平举,肘微屈,掌心向下,指尖向外;目视前方。(图5-2-58)

图 5-2-55　　　　　　图 5-2-55 侧

图 5-2-56　　　　　图 5-2-57　　　　　图 5-2-58

动作八~十三：同动作二~七，唯左右相反。（图 5-2-59 至图 5-2-66）

重复动作二~十三 1 遍。

本式一左一右为 1 遍，共做 2 遍。

接第 2 遍最后一动。（图 5-2-67）两腿缓慢伸直；同时，两拳变掌，左手向下、向左、向上，右手向下、向右、向上环抱，指尖相对，掌心向下；配合吸气，目视前方。（图 5-2-68）

随后，两腿屈膝约 45°；同时，两掌下按，引气归元，至腹前与肚脐同高，相距 10cm，指尖斜相对，配合呼气，目视前下方。（图 5-2-69）

传统体育养生功法 ◀ 第五章

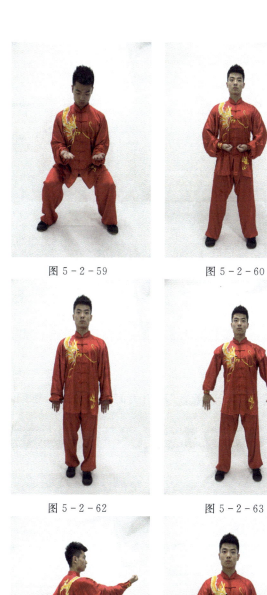

图 5-2-59　　　　　图 5-2-60　　　　　图 5-2-61

图 5-2-62　　　　　图 5-2-63　　　　　图 5-2-64

图 5-2-64 侧　　　　图 5-2-65　　　　　图 5-2-66

095

图 5-2-67　　　　　　　　图 5-2-68　　　　　　　　图 5-2-69

【注意事项】

（1）提膝、握固上提要上下相随，向下摆腿牵引要顺势放松，下摆松髋、送膝时，引踝是关键，用力来源于动作惯性。

（2）提膝、抬臂时，配合吸气，同时向上引腰。

（3）手臂向下敲击胆经时要松肩、坠肘、引腕，在敲击气海穴和骶骨时要同步，力量来源于手臂下落的惯性。

（4）提膝的高度因人而异，不可强求。

（5）摆腿敲击时，动作轻缓。

【功理作用】

（1）通过带脉和脊椎的左右旋转，增强腰部的灵活性。敲击胆经，震荡丹田，鼓荡正气，培补元气，使气有所运，筋有所养，血有所行，以提高抗病能力。

（2）通过躯干、四肢的惯性和自身重力作用下做被动牵引，伸展关节，可使髋关节、膝关节、踝关节得到牵引，缓解长期过度负重引起的损伤，对下肢关节有良好的保健康复作用。

6. 第五式　揉脊势

【技术要领】

动作一：接上式。重心左移，右脚收至左脚内侧，右脚掌着地，成右丁步；同时，两臂向下、向左、向上摆，左臂摆至与肩同高时，掌心向下，指尖向左；右臂摆至左下方约45°，指尖向左。两肘微屈，配合吸气，目视左手。（图5-2-70）

动作二：动作不停。左腿保持屈膝约45°，右脚以脚掌为轴，带动右腿外展，展至脚尖向右；同时，臀向左摆，躯干向右侧屈至右上方，约垂线向右45°，带动左臂向上、向右摆,摆至右上方,约垂线向右上方45°,肘微屈,掌心向上,指尖向右;右手至左腋下,右手的劳宫穴与大包穴同高,两穴相距10cm,屈肘虚腋,配合呼气,目随左手,当躯干向右侧屈约45°时,向右转头,配合呼气,动作略停,目视右下方。(图5-2-71)

动作三:从动作二最后的定式,按原来的动作路线,返回动作一。(图5-2-72)

动作四:右脚向右开步,略宽于肩,重心右移,右膝微屈,左脚收回至右脚内侧,左脚掌着地,成丁步;同时,两臂向下、向右摆,右臂摆至与肩同高,掌心向下,指尖向右;左臂摆至右下方,约垂线向右下方45°,两肘微屈,掌心向下,指尖向外;配合吸气,目视右手。(图5-2-73)

动作五:同动作二,唯左右相反。(图5-2-74、图5-2-74背)

图5-2-70

图5-2-71

图5-2-72

图5-2-73

图5-2-74

图5-2-74背

动作六：从动作五最后的定式，按原来的动作路线返回动作四。（图5-2-75）

动作七：同动作四，唯左右相反。（图5-2-76）

重复动作二～六1遍。

本式一左一右为1遍，共做2遍。

接第2遍最后一动。（图5-2-77）左脚开步，两脚平行，稍宽于肩，两脚伸直；同时，左臂向下、向左、向上至侧平举，右臂至右侧平举，肘微屈，掌心向上，指尖向外。（图5-2-78）

随后，两臂向上环抱，指尖相对，相距约10cm，掌心向下，手臂成弧形；配合吸气，目视前方。（图5-2-79）

然后，两腿屈膝约45°；同时，引气归元，两掌下按至腹前，与肚脐同高，相距约10cm，指尖斜向相对；配合呼气，目视前下方。（图5-2-80）

图5-2-75

图5-2-76

图5-2-77

图5-2-78

图5-2-79

图5-2-80

【注意事项】

（1）落脚时应轻起轻落，收髋提膝时，以腰带动。

（2）两臂向右或向左上方旋转摆动时，从腰至胸，从肩至手节节引动，要求动作柔缓，飘逸。

（3）动作配合呼吸，手臂起时吸气，落时呼气。

（4）左右移步要平稳，动作幅度因人而异。

（5）上下动作相随、不脱节。

【功理作用】

（1）脊椎左右侧屈、伸展，增强脊椎关节周围韧带的伸展性、弹性和肌肉力量，以维护关节的稳定性。

（2）通过侧屈、侧伸和腿的外旋，有助于疏理肝气、宣发肺气。

7. 第六势　摆臀势

【技术要领】

动作一：接上式。两腿屈膝约45°不变，下颌回收，由头经颈椎、胸椎、腰椎、骶椎，从上向下逐节缓缓牵引前屈约45°；同时，两掌沿垂线下按至两膝之间，逐渐转指尖向下，掌背相靠，两肘微屈；目视两掌。（图5-2-81）

动作二：两腿缓慢伸直，同时，由骶椎至腰椎、胸椎、颈椎、头，从下向上依次缓缓逐节伸直后成直立；两臂同时上提，两掌经前正中线提至胸前，前臂成水平，指尖向下。动作不停，松肩坠肘，逐渐转指尖向上，转至胸前合掌，掌根与膻中穴同高，相距约10cm，前臂约成水平；配合吸气，目视前下方。（图5-2-82）

动作三：两腿屈膝约45°，其他动作不变。（图5-2-83）

图5-2-81

图5-2-82

图5-2-83

动作四：膝与脚尖相对，方向不变，保持头正颈直，臀部向左、左前方缓缓摆动；

同时，两掌向左、左前方缓缓推出，两臂撑圆；配合呼气，动作略停，目视左前下方。（图 5-2-84、图 5-2-84 背）

动作五：臀、臂放松还原至中正，同动作三。（图 5-2-85）

图 5-2-84

图 5-2-84 背

图 5-2-85

动作六：同动作四，唯左右相反。（图 5-2-86、图 5-2-86 背）

动作七：臀、臂放松还原至中正，同动作三。（图 5-2-87）

重复动作四～七 1 遍。

图 5-2-86

图 5-2-86 背

图 5-2-87

动作八：膝与脚尖相对，方向不变，保持头正颈直，向左摆臀，同时，两掌以腕为轴，向左倾斜约 45°，目视左前方。（图 5-2-88、图 5-2-88 背）动作不停，以尾椎为点,顺时针划平圆 2 圈,两掌划圆时,保持与垂线约 45°;自然呼吸,目随划圈方向略微转视,至第 2 圈终点时,动作不停,尾椎及两掌向前弧线转正,目视前方。(图 5-2-89)

图 5-2-88　　　　　　图 5-2-88 背　　　　　　图 5-2-89

动作九:同动作八,唯左右相反。(图 5-2-90、图 5-2-90 背、图 5-2-91)本式一左一右为 1 遍,做 2 遍;然后顺时针划 2 圈,逆时针 2 圈。

图 5-2-90　　　　　　图 5-2-90 背　　　　　　图 5-2-91

动作十:逆时针划圈最后一动时,两掌从大拇指至小指依次分开,转掌心向上,指尖向前。(图 5-2-92)

随后由小指至大拇指依次内收。旋腕,两掌从腋下向后,指尖向下,左右腕关节贴于脊椎两侧。(图5-2-93、图5-2-93背)

图5-2-92

图5-2-93

图5-2-93背

动作十一:两腿缓慢伸直;同时,两掌下推至环跳穴;配合吸气,目视前方。(图5-2-94、图5-2-94背)

图5-2-94

图5-2-94背

随后,两臂逐渐外旋侧起,起侧平举。(图5-2-95)

动作不停,向上环抱,指尖相对,相距约10cm;目视前方。(图5-2-96)

然后,两腿屈膝约45°;同时,引气归元,两掌经体前下按,与肚脐同高,相距约

10cm，指尖斜相对，掌心向下，配合呼气，目视前下方。（图5-2-97）

图5-2-95　　　　　　图5-2-96　　　　　　图5-2-97

【注意事项】

（1）向左或向右摆臂时，以尾闾为着力点，腰、胸椎随势摆动，柔和缓慢，重心不左右移动。

（2）手与尾椎的方向一致，目随手走，视线经手注视前下方。

（3）摆臂时不要强拉硬拽。

（4）动作幅度由小到大，不可强求。

（5）合掌时，两掌之间成空心。

【功理作用】

（1）通过摆臂动作，以尾椎带动脊椎再带动四肢运动，对脊椎及内脏起到按摩作用，可内按脏腑，增强腰、髋关节的灵活性。

（2）合掌旋转，对肩、肘、腕及掌指关节可起到推摩和牵拉作用。

（3）调理任冲二脉及带脉，对腰、腿劳损有保健康复作用。

8. 第七式　摩肋势

【技术要领】

动作一：接上式。两腿伸直；同时，两臂侧起至侧平举，掌心向下，指尖向外，配合吸气，目视前方。（图5-2-98）

动作二：重心右移，左脚掌内扣约45°，随后重心左移，左腿微屈，右腿伸直，右脚掌趾跷起，以右脚跟为支点，外撇约90°；同时，身体右转约90°。（图5-2-99）动作不停，重心向后，向前俯身，带动两臂立圆抡臂，左臂向上、向前、向下至左掌胸轻贴右脚尖，左指尖向前下方，做肘微屈，同时，右臂向下、向后、向上至后上举，右

掌心向上,指尖向后上方,右肘微屈;配合呼气,动作略停,目视前下方。(图5-2-100、图5-2-100背)

动作三:右臂屈肘,右掌收至右腋下,掌心向内,指尖向下。(图5-2-101)

随后,右脚向右后约30°退步,重心后移,成左虚步,同时,躯干直立,随之左旋;右掌根沿腋中线向下推摩,向下超过髋关节,随之,右手向前划弧上摆,摆至前正中线,与膻中穴同高,右肘微屈,掌心向下,指尖向前;同时左掌经左髋外侧弧线上提,提至腋下,掌心向内,指尖向下;配合呼气,目视右手。(图5-2-102)

图5-2-98

图5-2-99

图5-2-100

图5-2-100背

图5-2-101

图5-2-102

动作四:左脚向左后约30°退步,重心后移,成右虚步,同时,躯干右旋;左掌根沿腋中线向下推摩,向下超过髋关节,随之,左手向前划弧上摆,摆至前正中线,与膻中穴同高,左肘微屈,掌心向下,指尖向前;同时,右掌向下,经右髋外侧弧线上提,提至右腋下,掌心向内,指尖向下,配合呼气,目视左手。(图5-2-103)

动作五:同动作四,唯左右相反。(图5-2-104)

动作六:同动作四。

图5-2-103　　　　　图5-2-104

动作七:接第4次退步摩肋最后一动。(图5-2-105)左腿屈膝下蹲,右腿伸直,右脚掌趾离地跷起,重心向后,同时身体前俯;左掌下按,左掌心轻贴右脚尖,指尖向前;右臂向下,经右髋关节外侧弧线摆至后上方,成后上举,掌心向上,指尖向后上方;配合呼气,动作略停,目视前下方。(图5-2-106)

图5-2-105　　　　　图5-2-106

动作八:起身,右脚掌内扣约135°。动作不停,重心右移,左脚掌趾跷起,外撇约135°,左腿伸直;身体左转约180°。动作不停,重心向后,俯身,带动左臂内旋,并向前、向上经头顶弧线向下、向后至后上举,掌心向上,指尖向后上方,肘微屈,带动右臂向下,从右向上和经头顶向前、向下,右掌心轻贴左脚尖,指尖向前;配合呼气,动作略停,目视前下方。(图5-2-107至图5-2-109)

图5-2-107　　　　　　图5-2-108　　　　　　图5-2-109

动作九~十三:重复动作三~七,唯左右相反。(图5-2-110至图5-2-115)

本式左边退4步,4次摩肋,右边退4步,4次摩肋。4次摩肋为1遍,左右各做1遍。

 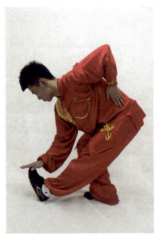 

图5-2-110　　　　　　图5-2-110侧　　　　　　图5-2-111

图 5-2-112

图 5-2-113

图 5-2-114

图 5-2-115

动作十四：接动作十三最后一动。左脚掌内扣约 90°脚尖向前，随后重心稍左移，右脚跟内碾约 45°，两脚平行，与肩同宽，㧁腿伸直；同时，起身向右转体约 90°，身体中正，带动右臂内旋向前、向上，经头顶上方至右侧平举，掌心向上，指尖向外；目视前方。（图 5-2-116）

随后，两臂向上环抱，指尖相对，相距 10cm，掌心斜向下，手臂成弧形；配合吸气，目视前方。（图 5-2-117）

然后，两腿屈膝约 45°，同时，引气归元，两掌经体前下按，与肚脐同高，相距约 10cm，指尖斜相对，掌心向下；配合呼气，目视前下方。（图 5-2-118）

图 5-2-116　　　　　　图 5-2-117　　　　　　图 5-2-118

【注意事项】

（1）以腰带动脊椎做左右旋转，牵引躯干两侧的胁肋部；同时，掌根从大包穴开始经腋中线向下摩运，推摩要顺达，节节贯穿，连绵不断，眼随手走，心平气和。

（2）摩肋时，下丹田之气引动腰，以腰带肩，以肩带臂，以臂带腕，形于手指，引气令和，动诸关节。

（3）本式要求身体的协调性较高，通过练习不易协调的动作可提高身体的协调性。

（4）在开始教学和练习时，可把动作分解，如先练退步，再练站立姿势摩肋，然后再整体练习。

【功理作用】

（1）通过抢臂、攀足和腿的屈伸，可增强肩关节的灵活性和下肢的柔韧性。

（2）通过两手对两肋、大包穴的按摩及脊椎左右拧转，可促进肝的疏泄和脾的运化功能。

9. 第八式　飞身势

【技术要领】

动作一：接上式。重心右移，右腿伸直独立，左腿屈膝提起，小腿自然下垂，脚尖向下；同时，两臂侧起，稍高于肩，肘微屈，掌心向下，指尖向外；配合吸气，目视前方。（图5-2-119）

动作二：右腿屈膝，左脚向左前方约30°上步，脚尖向前；同时，两臂向前下方划弧，两臂自然下落，左臂至左前方，右臂至右前方，肘微屈，两掌与肚脐同高，掌心向下，左手指尖向左前方，右手指尖向右前方；配合呼气，目视前下方。（图5-2-120）

动作三：重心左移，左腿伸直独立，右腿屈膝提起，小腿自然下垂，脚尖向下；同时，两臂侧起，稍高于肩，肘微屈，掌心向下；配合吸气，目视前方。（图5-2-121）

图5-2-119　　　　　　图5-2-120　　　　　　图5-2-121

动作四：左腿屈膝，右脚向右前方约30°上步，脚尖向前；同时，两臂向前下方划弧，两掌自然下落，与肚脐同高，肘微屈，掌心向下，左手指尖向左前方，右手指尖向右前方；配合呼气，目视前下方。（图5-2-122）

动作五：重复动作一～四1遍，唯第4步是右脚落在左脚内侧并步，两膝微屈。（图5-2-123、图5-2-124）

图5-2-122　　　　　　图5-2-123　　　　　　图5-2-124

动作六：两腿缓慢伸直；同时左臂向前上方约45°划弧上举，左手举至前正中线，肘微屈，掌心斜向下，指尖向前上方；右臂向后下方约45°弧线下摆，右手摆至后中线，

肘微屈,掌心斜向上,指尖向后下方;配合吸气,目视左手。(图 5-2-125)

动作七:两膝微屈,头向右平转,躯干向右回旋;同时,左臂外旋、右臂内旋,上臂与前臂之间约为 120°,左上臂保持水平线向上约 45°,掌心向外,指尖向前后方,右上臂保持向后下方约 45°,掌心向外,指尖向后下方;配合呼气,动作略停,经右转视左下方。(图 5-2-126)

图 5-2-125　　　　　　图 5-2-126

动作八:两腿缓慢伸直;同时,肩、髋放松,带动左臂内旋,右臂外旋至侧平举,掌心向下,指尖向外;配合吸气,目视前方。(图 5-2-127)

动作九:两腿屈膝下蹲约 30°;同时,松肩坠肘,两掌弧线下按,与肚脐同高,左、右掌按至左、右前下方,指尖方向与此对应;配合呼气,目视前下方。(图 5-2-128)

图 5-2-127　　　　　　图 5-2-128

动作十：重复动作一至动作七，唯上步改为退步，且先退右脚。（图 5-2-129 至图 5-2-135）

重复动作八，唯左右相反，两臂侧平举时，掌心向上。（图 5-2-136）

本式上 4 步为 1 遍，退 4 步为 1 遍，前后各 1 遍。

图 5-2-129

图 5-2-130

图 5-2-131

图 5-2-132

图 5-2-133

图 5-2-134

图 5-2-135　　　　　图 5-2-136

【注意事项】

(1) 在身体起伏、上步和退步时,脊椎在前后方向有小幅度蠕动,两臂划弧要连贯,轻松自然。

(2) 两脚并拢后不移动,躯干充分向左或向右旋转时,两臂要上下牵拉旋转,要求松紧适宜,协调配合。

(3) 旋转动作以脊椎为中心,头要平转,动作缓慢。

(4) 转头,脊椎旋转要循序渐进,幅度由小到大。

(5) 上步、退步要平稳,配合呼吸。

(6) 松中有紧,紧中有松,松紧转换要缓慢。

【功理作用】

(1) 通过两臂带动全身的气血升降;脊椎的前后蠕动和左右旋转,牵引三焦、任督二脉、带脉等周身的经络,起到理顺全身气血的作用,为收势做好准备。

(2) 通过胸腹的上提和下落按摩内脏;脊椎旋转刺激中枢神经核神经根,牵引内脏,对脊椎的小关节有理筋整骨、通络活血作用。

10. 收势

【技术要领】

动作一:接上式。两臂向上环抱,指尖相对,相距 10cm,掌心斜向下;配合吸气,目视前方。

动作二:引气归元,两掌沿体前缓慢下按至与膈肌同高时,转掌心向内,两掌向下与肚脐同高,掌心与肚脐相距 10cm,掌心对下丹田,指尖斜相对,相距 5cm;配合呼气,目视前下方。

重复一～二动2遍。

抱下按为1遍,共做3遍。

接第3遍最后一动。两臂放松,自然下落,两掌心轻贴腿外侧;自然呼吸,目视前方。

【注意事项】

(1)手臂环抱,引气归元时,以下丹田为中心,要有内敛之势,掌心对下丹田时,动作稍停。

(2)动作宜松、柔、自然流畅;心静体松,气定神敛。

(3)练功结束后,应做搓手、洗脸、叩齿、鸣天鼓、摩腹、拍打等放松动作。

(4)练功后应适当饮水。

【功理作用】 收敛心神,引气归元。

第三节　健身气功——易筋经

一　健身气功——易筋经功法概述

《易筋经》是我国古代流传下来健身养生的典籍,其内涵十分丰富,图文并茂,融儒、释、道于一体。它以动功为主,外练筋骨皮,并配之以静功为主的《洗髓经》,相得益彰,互辅互补。《易筋经》在我国久为流传,对我国传统功法和民族体育发展中有着较大的影响,几百年来深受群众的欢迎。

"易"这个字在甲骨文中的本意是指"蜥蜴",并特指蜥蜴中的变色龙,因此衍生出"变化"这个含义。易筋经中的易也具有变通、改换、脱换之意;"筋"有两种含义:广义之筋,指除人体骨关节之外的一切软组织;狭义之筋,专指肌腱和韧带。筋具有连属关节,联络形体,主司运动等功能。在此主要指筋骨、筋膜;"经"的含义很多,在此有指南、经典、法典之意。易筋经源自我国古代导引术,历史悠久,据考证,导引是由原始社会的"巫舞"发展而来的,到春秋战国时期已为养生家所必习。《庄子·刻意篇》中记载:"吹响呼吸,吐故纳新,熊经鸟申(伸),为寿而已矣。此导引之士,养形之人,彭祖寿考者之所好也。"《汉书·艺文志》中也载有《黄帝杂子步引》《黄帝岐伯按摩》等有关导引的内容,说明汉代各类导引术曾兴盛一时。另外,湖南长沙马王堆汉墓出土的帛画《导引图》中有四十多幅各种姿势的导引动作,分解这些姿势可以发现,先今流传的易筋经基本动作都能从中找到原型。这些都表明,易筋经源自中国传统文化。

易筋经为何人所创,历来众说纷纭。从现有文学看,大多认为易筋经、洗髓经和少林武术等为达摩所传。达摩原为南天竺国（南印度）人，526年来我国并最终到达嵩山少林寺，人称为我国禅宗初祖。六朝时流传的《汉武帝内传》等小说中也载有东方朔"三千年一伐毛，三千年一洗髓"等神话，这大概就是"易筋经""洗髓经"名称的由来。

在易筋经流传中，少林寺僧侣起到了重要作用。根据史料记载，达摩所传禅宗主要以河南嵩山少林寺为主。由于禅宗的修持大多以静坐为主，坐久则气血瘀滞，须以武术、导引术来活动筋骨。因此，六朝至隋唐年间，在河南嵩山一带盛传武术及导引术。少林寺僧侣也借此来活动筋骨，习武健身，并在这个过程中不断对其进行修改、完善、补充，使之成为一种独特的习武健身方式。最终定名为"易筋经"，并在习武僧侣中秘传。

自古以来，典籍《易筋经》与《洗髓经》并行流于世，并有《伏气图说》《易筋经义》《少林拳术精义》等其他名称。从有关文献资料看，宋代托名"达摩"的《易筋经》著述非常多。当时，张君房奉旨编辑《道藏》，另外还有《云笈七签》《太平御览》等书问世，从而使各种导引术在民间广为流传，出现了解通过修炼可以"易发""易血"的说法。由此推测，少林寺僧侣改编的易筋经在时间上应该不晚于北宋。因为，宋代以后的导引类典籍人多夹杂"禅定""金丹"等说法，而流传下来的少林寺《易筋经》并没有此类文句。明·周履靖在《赤凤髓·食饮调护诀第十二》中记述："一年易气，二年易血，三年易脉，四年易肉，五年易髓，六年易筋，七年易骨，八年易发，九年易形，即三万六千真神皆在身中，化为仙童。"文中的"易髓""易筋"应与《易筋经》有先后联系。另外，《易筋经》第一势图说即韦驮献杵。"韦驮"又叫韦琨、韦驮天、韦驮菩萨，是南方增长天王手下的八个将领之一，也是佛教守护神，唐初才安于寺院中。因此，易筋经本为秦汉方仙道的导引术，被少林寺僧侣改编于唐宋年间，至明代开始流传于社会应该没有异议。

目前发现流传至今最早的易筋经十二势版本，载于清代咸丰八年潘蔚辑录的《内功图说》中。总的来看，传统易筋经侧重于从宗教、中医、阴阳五行学说等视角对功理、功法进行阐述，并且形成了不同流派，收录于不同的著作中。

据专家考证，易筋经功法并非如传言所述是达摩大师所传，而应是起源于中国古代养生术，到明代方始编撰成形，在后世流传、演化过程中才托名达摩和少林寺所传。易筋经作为古代传统养生功法之一，其作用确实具有非常的效用，通过易筋经的锻炼确实能变易筋骨、强壮内脏，能使弱者变强、怯者变勇、力小者变壮，并对多种慢性病均有治疗效果，值得我们对其进行深入的探索研究。

国家体育总局组织创编的"健身气功——易筋经"，继承了传统易筋经十二势的精要，融科学性与普及性于一体，其格调古朴，蕴涵新意。各势动作是连贯的有机整体,动作注重伸筋拔骨,舒展连绵,刚柔相济;呼吸要求自然,动息相融;并以形导气,意随形走;易学易练,健身效果明显。

二 健身气功——易筋经功法特点与作用

本功法是在传统易筋经动作的基础上进行了改编,增加了动作之间的连接,每势动作变化过程清晰、柔和,整套功法的运动方向,为前后、左右、上下;肢体运动的路线,为简单的直线和弧线;肢体运动的幅度,是以关节为轴的自然活动角度所呈现的身体活动范围;整套功法的动作速度,是匀速缓慢地移动身体或身体局部,动作力量上,要求肌肉相对放松,用力圆柔而轻盈,不使蛮力,不僵硬,刚柔相济。动作舒展、连贯、柔畅、协调,动静相兼。同时在精神内含的神韵下,给人以美的享受。

本功法中的每一势动作,不论是上肢、下肢还是躯干,都要求有较充分的屈伸、外展内收、扭转身体等运动,从而使人体的骨骼及大小关节在传统定势动作的基础上,尽可能地呈现多方位和广角度的活动。其目的就是要通过"拔骨"的运动达到"伸筋",牵拉人体各部位的大小肌群和筋膜,以及大小关节处的肌腱、韧带、关节囊等结缔组织,促进活动部位软组织的血液循环,改善软组织的营养代谢过程,提高肌肉、肌腱、韧带等软组织的柔韧性、灵活性和骨骼、关节、肌肉等组织的活动功能,达到强身健体的目的。

脊椎是人体的支柱,又称"脊梁"。由椎骨、韧带、脊髓等组成,具有支持体重、运动、保护脊髓及其神经根的作用。神经系统是由位于颅腔和椎管里的脑和脊髓以及周围神经组成。神经系统控制和协调各个器官系统的活动,使人体成为一个有机整体以适应内外环境的变化。因此,脊椎旋转屈伸的运动有利于对脊髓和神经根的刺激,以增强其控制和调节功能。本功法的主要运动形式是以腰为轴的脊椎旋转屈伸运动,如"九鬼拔马刀势"中的脊椎左右旋转屈伸动作,"打躬势"中椎骨节节拔伸前屈、卷曲如勾和脊椎节节放松伸直动作,"掉尾势"中脊椎前屈并在反伸的状态下做侧屈、侧伸动作,因此,本功法是通过脊椎的旋转屈伸运动以带动四肢、内脏的运动,在松静自然、形神合一中完成动作,达到健身、防病、延年、益智的目的。

三 健身气功——易筋经功法动作图解

(一)基本手型、步型

(1)握固:大拇指抵掐无名指根节,其余四指屈拢收于掌心,即握固。(图5-3-1)

图 5-3-1

(2)荷叶掌:五指伸直,张开。(图 5-3-2)
(3)柳叶掌:五指伸直,并拢。(图 5-3-3)

图 5-3-2　　　　　　图 5-3-3

(4)龙爪:五指伸直、分开,拇指、食指、无名指、小指内收。
(5)虎爪:五指分开,虎口撑圆,手指第一、二指关节弯曲内扣。(图 5-3-4)

图 5-3-4

(6)弓步:两腿前后分开一大步,横向之间保持一定宽度,前腿屈膝前弓,大腿斜向地面,膝与脚尖上下相对,脚尖微内扣;后腿自然伸直,脚跟蹬地,脚尖微内扣,全脚掌着地。(图5-3-5)

图5-3-5

(7)丁步:以左丁步为例,两脚左右分开,间距约10～20cm。两腿屈膝下蹲,左腿脚跟提起,脚尖触地,虚点地面,置于后脚足弓处;右腿全脚掌着地踏实。(图5-3-6)

(8)马步:开步站立,两脚间距约为本人脚长的2～3倍,屈膝半蹲,大腿略高于水平,脚尖向前。(图5-3-7)

图5-3-6

图5-3-7

(二)动作图解、技术要领及健身作用

1. 预备势

【技术要领】两脚并拢站立,两手自然垂于体侧;下颏微收,百会虚领,唇齿合拢,舌自然平贴于上腭;目视前方。(图5-3-8)

图 5-3-8

【注意事项】全身放松,身体中正,呼吸自然,目光内敛,心平气和。

【功理作用】宁静心神,调整呼吸,内安五脏,端正身形。

2. 第一式　韦驮献杵第一势

【技术要领】

动作一:左脚向左侧开半步,约与肩同宽,两膝微屈,成开立姿势;两手自然垂于体侧。(图5-3-9、图5-3-10)

图 5-3-9　　　　　　图 5-3-10

动作二:两臂自体侧向前抬至前平举,掌心相对,指尖向前。(图5-3-11、图5-3-11侧)

图 5－3－11　　　　　图 5－3－11 侧

动作三、四：两臂屈肘，自然回收，指尖向斜前上方约 30°，两掌合于胸前，相距约 10cm（一拳距离），掌根与膻中穴同高，虚腋；目视前下方动作稍停。（图 5－3－12、图 5－3－12 侧）

图 5－3－12　　　　　图 5－3－12 侧

【功理作用】

（1）古人云："神住气自回。"通过神敛和两掌相合的动作，可起到气定神敛、均衡身体左右气机的作用。

（2）可改善神经、体液调节功能，有助于血液循环，消除疲劳。

3. 第二式　韦驮献杵第二势

【技术要领】

动作一：接上式。两肘抬起，两掌伸平，手指相对，掌心向下，掌臂约与肩呈水平。（图 5－3－13、图 5－3－13 侧）

图 5-3-13　　　　　　图 5-3-13 侧

动作二：两掌向前伸展，掌心向下，指尖向前。（图 5-3-14、图 5-3-14 侧）

图 5-3-14　　　　　　图 5-3-14 侧

动作三：两臂向左右分开至侧平举，掌心向下，指尖向外。（图 5-3-15）
动作四：五指自然并拢，坐腕立掌；目视前下方。（图 5-3-16）

图 5-3-15　　　　　　图 5-3-16

【功理作用】

（1）通过伸展上肢和立掌外撑的动作导引，起到疏理上肢等经络的作用，并具有调练心、肺之气，改善呼吸功能及气血运行的作用。

（2）可提高肩、臂的肌肉力量，有助于改善肩关节的活动功能。

4. 第三式　韦驮献杵第三势

【技术要领】

动作一：接上式。松腕，同时两臂向前平举内收至胸前平屈，掌心向下，指尖相对，掌与胸相距约一拳；目视前下方。（图5-3-17、图5-3-17侧）

图5-3-17　　　　　　　图5-3-17侧

动作二：两掌同时内旋，翻掌至耳垂下，掌心向上，虎口相对，两肘外展，约与肩平。（图5-3-18）

动作三：身体重心前移至前脚掌支撑，提踵；同时，两掌上托至头顶，掌心向上，展肩伸肘；微收下颏，舌抵上腭，咬紧牙关。（图5-3-19、图5-3-19侧）

动作四：静立片刻。

图5-3-18　　　　　图5-3-19　　　　　图5-3-19侧

【功理作用】

（1）通过上肢撑举和下肢提踵的动作导引，可调理上、中、下三焦之气，并且将三焦及手足三阴五脏之气全部发动。

（2）可改善肩关节活动功能及提高上下肢的肌肉力量，促进全身血液循环。

（3）通过提踵的动作练习可以锻炼小脑调节身体平衡的能力。

5. 第四式　摘星换斗势

【技术要领】

（1）左摘星换斗势

动作一：接上式。两脚跟缓缓落地；同时，两手握拳，拳心向外，两臂下落至侧上举。（图5-3-20）随后两拳缓缓伸开变掌，掌心斜向下，全身放松；目视前下方。身体左转；屈膝；同时，右臂上举经体前下摆至左髋关节外侧"摘星"，右掌自然张开；左臂经体侧下摆至体后，左手背轻贴命门；目视右掌。（图5-3-21至图5-3-24）

图5-3-20

图5-2-21

图5-3-22

图5-3-23

图5-3-24

动作二：直膝，身体转正；同时，右手经体前向额上摆至头顶右上方，松腕，肘微屈，掌心向下，手指向左，中指尖垂直于肩髃穴；左手背轻贴命门，意注命门；右臂上摆时眼随手走，定势后目视掌心。（图5-3-25）静立片刻，然后两臂向体侧自然伸展。（图5-3-26）

图5-3-25　　　　　图5-3-26

（2）右摘星换斗势

右摘星换斗势与左摘星换斗势动作相同，唯方向相反。（图5-3-27至图5-2-29）

图5-3-27　　　　图5-3-28　　　　图5-3-29

【功理作用】

（1）通过本势阳掌转阴掌（掌心向下）的动作导引，目视掌心，意存腰间命门，将发动的真气收敛，下沉入腰间两肾及命门，可达到壮腰健肾、延缓衰老的功效。

（2）可增强颈、肩、腰等部位的活动功能。

6. 第五式　　倒拽九牛尾势

【技术要领】

(1) 右倒拽九牛尾势

动作一：接上式。双膝微屈，身体重心右移，左脚向左侧后方约45°撤步；右脚跟内转，右腿屈膝成右弓步；同时，左手内旋，向前、向下划弧后伸，小指到拇指逐个相握成拳，拳心向上；右手向前上方划弧，伸至与肩平时小指到拇指逐个相握成拳，拳心向上，稍高于肩；目视右拳。（图5-3-30、图5-3-31）

动作二：身体重心后移，左膝微屈；腰稍右转，以腰带肩，以肩带臂；右臂外旋，左臂内旋，屈肘内收；目视右拳。（图5-3-32）

图5-3-30　　　　　　图5-3-31　　　　　　图5-3-32

动作三：身体重心前移，屈膝成弓步；腰稍左转，以腰带肩，以肩带臂，两臂放松前后伸展；目视右拳。（图5-3-33、图5-3-33侧）重复二～三动作3遍。

动作四：身体重心前移至右脚，左脚收回，右脚尖转正，成开立姿势；同时，两臂自然垂于体侧；目视前下方。（图5-3-34）

图5-3-33　　　　　　图5-3-33侧　　　　　　图5-3-34

(2) 左倒拽九牛尾势

左倒拽九牛尾势与右倒拽九牛尾势动作、次数相同，唯方向相反。（图5-

3-35至图5-3-38侧)

图5-3-35

图5-3-36

图5-3-37

图5-3-38

图5-3-38侧

【功理作用】

（1）通过腰的扭动，带动肩胛活动，可刺激背部夹脊、肺俞、心俞等穴，达到疏通夹脊和调练心肺之作用。

（2）通过四肢上下协调活动，可改善软组织血液循环，提高四肢肌肉力量及活动功能。

7. 第六式　出爪亮翅势

【技术要领】

动作一：接上式。身体重心移至左脚，右脚收回，成开立姿势；同时，右臂外旋，左臂内旋，摆至侧平举，两掌心向前，环抱至体前，随之两臂内收，两手变柳叶掌立于云门穴前，掌心相对，指尖向上；目视前下方。（图5-3-39至图5-3-41）

动作二：展肩扩胸，然后松肩，两臂缓缓前伸，并逐渐转掌心向前，成荷叶掌，指尖向上；瞪目。（图5-3-42、图5-3-42侧）

图 5-3-39

图 5-3-40

图 5-3-41

图 5-3-42

图 5-3-42 侧

动作三：松腕，屈肘，收臂，立柳叶掌于云门穴；目视前下方。(图 5-3-43 至图 5-3-44)重复二～三动作 3～7 遍。

图 5-3-43

图 5-3-43 侧

图 5-3-44

【功理作用】

(1)中医认为"肺主气,司呼吸"。通过伸臂推掌、屈臂收掌、展肩扩胸的动作导引,可反复启闭云门、中府等穴,促进自然之清气与人体之真气在胸中交汇融合,达到改善呼吸功能及全身气血运行的作用。

(2)可提高胸背部及上肢肌肉力量。

肩髃穴:在臂的上端,位于肩胛骨峰与肱骨大结之间的凹陷处。

夹脊:为道家丹门术语。两肩胛辅其脊,形成一夹道,因名夹脊。

肺俞:在背上部,当身柱穴(第3与第4胸椎棘突之间凹陷处)的外侧一寸五分处。

心俞:在背中部,当神道穴(第5与第6胸椎棘突之间凹陷处)的外侧一寸五分处。

云门穴:在锁骨之下,肩胛骨喙突内方的凹陷处。

中府:在云门下一寸六分,乳上三肋间。

8. 第七式 九鬼拔马刀势

【技术要领】

(1)右九鬼拔马刀势

动作一:接上式。躯干右转。同时,右手外旋,掌心向上;左手内旋,掌心向下。(图5-3-45、图5-3-45侧)随后右手由胸前内收经右腋下后伸,掌心向外;(图5-3-46、图5-3-46侧)同时,左手由胸前伸至前上方,掌心向外。躯干稍左转;同时,右手经体侧向前上摆至头前上方后屈肘,由后向左绕头半周,掌心掩耳;左手经体左侧下摆至左后,屈肘,手背贴于脊椎,掌心向后,指尖向上;头右转,右手中指按压耳郭,手掌扶按玉枕;目随右手动,定势后视左后方。(图5-3-47、图5-3-47背)

动作二:身体右转,展臂扩胸;目视右上方,动作稍停。(图5-3-48)

动作三:屈膝;同时,上体左转,右臂内收,含胸;左手沿脊椎尽量上推;目视右脚跟,动作稍停。(图5-3-49、图5-3-49背)重复二~三动作3遍。

图5-3-45

图5-3-45侧

图5-3-46

图 5-3-46 侧

图 5-3-47

图 5-3-47 背

图 5-3-48

图 5-3-49

图 5-3-49 背

动作四：直膝，身体转正；右手向上经头顶上方向下至侧平举，同时，左手经体侧向上至侧平举，两掌心向下；目视前下方。（图 5-3-50）

图 5-3-50

（2）左九鬼拔马刀势

左九鬼拔马刀势与右九鬼拔马刀势动作、次数相同，唯方向相反。（图5－3－51至图5－3－54）

图5－3－51　　　　　　图5－3－52

图5－3－53　　　　　　图5－3－54

【功理作用】

（1）通过身体的扭曲、伸展等运动，使全身真气开、合、启、闭，脾胃得到摩动，肾得以强健，并具有疏通玉枕关、夹脊关等要穴的作用。

（2）可提高颈肩部、腰背部肌肉力量，有助于改善人体各关节的活动功能。

9. 第八式　三盘落地势

【技术要领】

左脚向左侧开步，两脚距离约宽于肩，脚尖向前；目视前下方。（图5－3－55、

图 5-3-56)

图 5-3-55　　　　　　　图 5-3-56

动作一：屈膝下蹲；同时，沉肩、坠肘，两掌逐渐用力下按至约与环跳穴同高，两肘微屈，掌心向下，指尖向外；目视前下方。(图 5-3-57)同时，口吐"嗨"音，音吐尽时，舌尖向前轻抵上下牙之间，终止吐音。

动作二：翻掌心向上，肘微屈，上托至侧平举；同时，缓缓起身直立；目视前方。(图 5-3-58、图 5-3-59)

图 5-3-57　　　　图 5-3-58　　　　图 5-3-59

重复一～二动作3遍。第一遍微蹲。第二遍半蹲。(图 5-3-60)第三遍全蹲。(图 5-3-61)

图 5-3-60   图 5-3-61

【功理作用】

（1）通过下肢的屈伸活动，配合口吐"嗨"音，使体内真气在胸腹间相应地降、升，达到心肾相交、水火既济。

（2）可增强腰腹及下肢力量，起到壮丹田之气、强腰固肾的作用。

10. 第九式　青龙探爪势

【技术要领】

（1）左青龙探爪势

动作一：接上式。左脚收回半步，约与肩同宽。（图 5-3-62）两手握固，（图 5-3-63）两臂屈肘内收至腰间，（图 5-3-64）拳轮贴于章门穴，拳心向上；目视前下方。然后右拳变掌，右臂伸直，经下向右侧外展，略低于肩，掌心向上；目随手动。（图 5-3-65 至图 5-3-66 侧）

图 5-3-62　　　　　图 5-3-63　　　　　图 5-3-64

图 5－3－65

图 5－3－66

图 5－3－66 侧

动作二：右臂屈肘、屈腕，右掌变"龙爪"，指尖向左，经下颏向身体左侧水平伸出，目随手动；躯干随之向左转约 90°；目视右掌指所指方向。（图 5－33－67 至图 5－3－69）

图 5－3－67

图 5－3－68

图 5－3－69

动作三："右爪"变掌，随之身体左前屈，掌心向下按至左脚外侧；目视下方。（图 5－3－70 至图 5－3－75）躯干由左前屈转至右前屈，并带动右手经左膝或左脚前划弧至右膝或右脚外侧，手臂外旋，掌心向前，握固；目随手动视下方。（图 5－3－76）

动作四：上体抬起，直立；右拳随上体抬起收于章门穴，拳心向上；目视前下方。（图 5－3－77）

传统体育养生功法 第五章

图 5-3-70

图 5-3-71

图 5-3-72

图 5-3-73

图 5-3-74

图 5-3-75

图 5-3-76

图 5-3-77

(2)右青龙探爪势

右青龙探爪势与左青龙探爪势动作相同,唯方向相反。(图 5-3-78 至图 5-3-83)

图 5-3-78　　　　　图 5-3-79　　　　　图 5-3-80

图 5-3-81　　　　　图 5-3-82　　　　　图 5-3-83

【功理作用】

（1）中医认为"两胁属肝""肝藏血，肾藏精"，二者同源。通过转身、左右探爪及身体前屈，可使两胁交替松紧开合，达到疏肝理气、调畅情志的功效。

（2）可改善腰部及下肢肌肉的活动功能。

玉枕穴：在后头部，当脑户穴（枕外隆凸上缘）的外侧一寸五分处。

环跳穴：在大腿外侧面的上部，股骨大转子与氏裂孔连线的外 1/3 与内 2/3 交接处。

章门穴：在腹侧部，在第 11 肋游离端稍下方处。

11. 第十式　卧虎扑食势

【技术要领】

（1）左卧虎扑食势

动作一：接上式。右脚尖内扣约 45°，左脚收至右脚内侧成丁步；同时，身体左转约 90°；两手握固于腰间章门穴不变；目随转体视左前方。（图 5-3-84、图 5-3-84 侧）

图 5-3-84　　　　　图 5-3-84 侧

动作二：左脚向前迈一大步，成左弓步；同时，两拳提至肩部云门穴，并内旋变"虎爪"，向前扑按，如虎扑食，肘稍屈；目视前方。（图 5-3-85、图 5-3-85 侧）

图 5-3-85　　　　　图 5-3-85 侧

动作三：躯干由腰到胸逐节屈伸，重心随之前后适度移动；同时，两手随躯干屈伸向下、向后、向上、向前绕环一周。（图 5-3-86、图 5-3-87）随后上体下俯，两"爪"下按，十指着地；后腿屈膝，脚趾着地；前脚跟稍抬起；随后塌腰、挺胸、抬头、瞪目；动作稍停，目视前上方。（图 5-3-88、图 5-3-89、图 5-3-89 侧）年老体弱者可俯身，两"爪"向前下按至左膝前两侧，顺势逐步塌腰、挺胸、抬头、瞪目。动作稍停。

动作四：起身，双手握固收于腰间章门穴；身体重心后移，左脚尖内扣约 135°；身体重心左移；同时，身体右转 180°，右脚收至左脚内侧成丁步。（图 5-3-90）

（2）右卧虎扑食势

右卧虎扑食势与左卧虎扑食势动作相同，唯方向相反。（图 5-3-91、图 5-3-92）

传统体育 养生功法 ▶ 教程

图 5-3-86

图 5-3-87

图 5-3-88

图 5-3-89

图 5-3-89 侧

图 5-3-90

图 5-3-91

图 5-3-92

【功理作用】

（1）中医认为"任脉为阴脉之海"，统领全身阴经之气。通过虎扑之势，身体的后仰，胸腹的伸展，可使任脉得以疏伸及调养，同时可以调和手足三阴之气。

（2）改善腰腿肌肉活动功能，起到强健腰腿的作用。

12. 第十一式　打躬势

【技术要领】

动作一：接上式。起身，身体重心后移，随之身体转正；右脚尖内扣，脚尖向前，左脚收回，成开立姿势；同时，两手随身体左转放松，外旋，掌心向前，外展至侧平举后，两臂屈肘，两掌掩耳，十指扶按枕部，指尖相对，以两手食指弹拨中指击打枕部7次（即鸣天鼓）；目视前下方。（图5-3-93至图5-3-95）

图5-3-93　　　　　　　图5-3-94　　　　　　　图5-3-95

动作二：身体前俯由头经颈椎、胸椎、腰椎、骶椎，由上向下逐节缓缓牵引前屈，两腿伸直；目视脚尖，停留片刻。（图5-3-96、图5-3-96侧）

动作三：由骶椎至腰椎、胸椎、颈椎、头，由下向上依次缓缓逐节伸直后成直立；同时两掌掩耳，十指扶按枕部，指尖相对；目视前下方。（图5-3-97）

重复二～三动作3遍，逐渐加大身体前屈幅度，并稍停。第一遍前屈小于90°，第二遍前屈约90°，第三遍前屈大于90°。（图5-3-98至图5-3-99侧）年老体弱者可分别前屈约30°，约45°，约90°。

【功理作用】

（1）中医认为"督脉为阳脉之海"，总督一身阳经之气。通过头、颈、胸、腰、骶椎逐节牵引屈、伸，背部的督脉得到充分锻炼，可使全身经气发动，阳气充足，身体强健。

（2）可改善腰背及下肢的活动功能，强健腰腿。

（3）"鸣天鼓"有醒脑、聪耳、消除大脑疲劳功效。

图5-3-96　　　　　图5-3-96侧　　　　　图5-3-97

图5-3-98　　　　　图5-3-98侧

图5-3-99　　　　　图5-3-99侧

13. 第十二式　掉尾势

【技术要领】接上式。起身直立后，两手猛然拔离开双耳（即拔耳）。（图5-3-100）手臂自然前伸，十指交叉相握，掌心向内。（图5-3-101至图5-3-103）

屈肘,翻掌前伸,掌心向外。(图5-3-104)然后屈肘,转掌心向下内收于胸前;身体前屈塌腰、抬头,两手交叉缓缓下按;目视前方。(图5-3-105、图5-3-106)年老和体弱者身体前屈,抬头,两掌缓缓下按可至膝前。

图5-3-100　　　　　图5-3-101　　　　　图5-3-102

图5-3-103　　　　　图5-3-104　　　　　图5-3-105

图5-3-106

动作一:头向左后转,同时,臀向左前扭动;目视尾闾。(图5-3-107)
动作二:两手交叉不动,放松还原至体前屈。(图5-3-108)

图5-3-107

图5-3-108

动作三:头向右后转,同时,臀向右扭动;目视尾闾。(图5-3-109)
动作四:两手交叉不动,放松还原至体前屈。(图5-3-110)
重复一～四动作3遍。

图5-3-109

图5-3-110

【注意事项】

(1)转头扭臀时,头与臀部做相向运动。

(2)高血压、颈椎病患者和年老体弱者,头部动作应小而轻缓。另外,应根据自身情况调整身体前屈和臀部扭动的幅度和次数。

(3)配合动作,自然呼吸,意识专一。

【功能作用】

(1)通过体前屈及抬头、掉尾的左右屈伸运动,可使任督二脉及全身气脉在此前各势动作锻炼的基础上得以调和,练功后全身舒适、轻松。

（2）可强化腰背肌肉力量的锻炼，有助于改善脊椎各关节和肌肉的活动功能。

14. 收势

【技术要领】

动作一：接上式。两手松开，两臂外旋；上体缓缓直立；同时，两臂伸直外展成侧平举，掌心向上，随后两臂上举，肘微屈，掌心向下；目视前下方。（图5-3-111至图5-3-113）

图5-3-111　　　　　　图5-3-112　　　　　　图5-3-113

动作二：松肩，屈肘，两臂内收，两拳经头、面、胸向下引至腹部，掌心向下；目视前下方。（图5-3-114）

重复一～二动作3遍。

两臂放松还原，自然垂于体侧；左脚收回，并拢站立；舌抵上腭；目视前方。（图5-3-115）

图5-3-114　　　　　　图5-3-115

【注意事项】

（1）第一、二次双手下引至腹部以后，意念继续下引，经泉涌穴入地。最后一次则意念随双手下引至腹部稍停。

(2)下引时,两臂匀速缓缓下行。

【功能作用】

(1)通过上肢的上抱下引动作,可引气回归于丹田。

(2)起到调节全身肌肉、关节放松的作用。

第四节　健身气功——五禽戏

一　健身气功——五禽戏功法概述

五禽戏是我国东汉医学家华佗在其所处的历史背景下,在导引术发展的基础上,通过总结前人的理论和自身实践经验,模仿虎、鹿、熊、猿、鸟五种动物的代表性动作及其神态,在中医脏腑、经络和气血等理论的指导下,整理总结而成的一种体育健身疗法。

五禽戏的起源可以追溯到我国远古时代。据史料记载,当时中原大地江河泛滥,湿气弥漫,不少人患了关节不利的"重腿"之症,为此,"乃制为舞""以利导之"。具有"利导"作用的"舞",正是中华导引的一种萌芽。这种"舞"与模仿飞禽走兽动作、神态有关,我们可以在考古文物和历代文献中找到其依据。《庄子》说:"吹呴呼吸,吐故纳新,熊经鸟申(伸),为寿而已矣。"其中,"熊经鸟伸",就是对古代养生之士模仿动物姿势习练导引的生动形象描绘。1973年湖南长沙马王堆三号汉墓出土的44幅帛书《导引图》中也有不少模仿动物的姿势,如"龙登""鹞背""熊经",有的图虽然注文残缺,但仍可看出模仿猴、猫、犬、鹤、燕以及虎豹扑食等形状。

"五禽戏"的得名受了图腾崇拜和"五行"之说影响。华佗定其数为"五",并非偶然,主要是由于我国古人本有"五行化生万物"的思想,华佗定格"五"作为所选动物的数目,也想彰显出"五禽戏"的神奇功效;"禽"指禽兽,古代泛指动物;"戏"在古代是指歌舞杂技之类的活动,在此指特殊的运动方式,"五禽戏"之名由此得来。

对华佗编创五禽戏的记载最早见于西晋时陈寿的《三国志·华佗传》:"吾有一术,名五禽之戏,一曰虎,二曰鹿,三曰熊,四曰猨(猿),五曰鸟。亦以除疾,并利蹄足,以当导引。"南北朝时范晔在《后汉书·华佗传》中的记载与此基本相同。这些史书证明了五禽戏确为华佗编创,但对动作要领、习练技巧并未记载论述。依据现存文献资料,考究发现东晋张湛、道林等人编撰《养生要集》时把五禽戏功法作了具体的记载,但早已亡佚。不过,南北朝时名医陶弘景在其《养性延命录》序言中讲,《养性延命录》是据《养生要集》"略取要法,删弃繁芜,类聚篇题"而成。因此,今天我们所见到的五禽戏的最早版本就是《养性延命录》本,但他所辑录的华佗《五禽诀》未必就是华佗的原作,考虑到南北朝据东汉末年不过300年,因此,可以认为该套五禽戏动作可能比较接近华佗创编的五禽戏。

此后,明代中后期开始出现的新五禽戏仍以"虎、鹿、熊、猿、鸟"为动作之纲纪,但这种五禽戏的具体动作与古本五禽戏差别很大,研究中国古代导引术的有名学者吴志超认为,这种新五禽戏"首见于明代罗洪先所撰《万寿仙书》"。随后明代周履靖的《夷门广牍·赤凤髓》、清代曹无极的《万寿仙书·导引篇》和席锡蕃的《五禽舞功法图说》等著作中,都以图文并茂的形式,比较详细地描述了五禽戏的习练方法。"五禽"动作均为单式,排序也变为"虎、熊、鹿、猿、鸟"。但其文字说明不仅描述了"五禽"的动作,而且还有神态的要求,并结合了气血的运行。这些宝贵的文献资料为后人的研究提供了重要依据。

五禽戏发展至今,已形成了不少流派,每个流派都有着各自不相同的风格和特点,有些甚至冠以华佗之名。总的来看,他们都是根据"五禽"动作,结合自身练功体验所编的"仿生式"导引法,以活动筋骨、疏通气血、防病治病、健身延年为目的。其中,有偏重肢体运动,模仿"五禽"动作,意在健身强体的,为外功型,即通常所说的五禽戏;有仿效"五禽"神态,以内气运行为主,重视意念锻炼的,为内功型,如五禽导引图;有以刚为主,通过拍打、按摩来治疗疾病,甚至被用于散手技击、自卫御敌的,如五禽拳、五禽散手等,还有以柔劲为主,讲究动作姿势优美矫健,以舞蹈形式出现的,如五禽舞、五禽舞功法图说等。

"健身导引——五禽戏"的动作编排按照《三国志·华佗传》的记载,顺序为虎、鹿、熊、猿、鸟;动作简便易学,数量沿用了陶弘景《养性延命录》的描述,为10个动作,每戏2动,并在功法的开始和结束增加了起势调息和引气归元,体现了形、意、气的合一,符合习练者特别是中老年人运动的规律;动作素材来源于传统,在古代文献的基础上,汲取精华,加以提炼、改进;动作设计考虑与形体美学,现代人体运动学有机结合,体现时代特征和科学健身理念;功法符合中医基础理论、五禽的秉性特点,配合中医脏腑、经络学说,既有整体的健身作用,又有每一戏的特定功效;动作仿效虎之威猛、鹿之安舒、熊之沉稳、猿之灵巧、鸟之轻捷,力求蕴含"五禽"的神韵,神兼备,意气相随,内外合一。

二 健身气功——五禽戏功法特点与作用

(一)安全易学,左右对称

"健身气功——五禽戏"是在对传统五禽戏进行挖掘整理的基础上编创的,便于广大群众习练。因此,动作力求简捷,左右对称,平衡发展,既可全套连贯习练,也可侧重多练某戏,还可只练某戏,运动量较为适中,属有氧训练,各人可根据自身情况调节每势动作的运动幅度和强度,安全可靠。

整套功法虽然动作相对简单,但每一动作无论是动姿或静态,都有细化、精化的余地。如"虎举",手型的变化,就可细化成撑掌、屈指、拧拳三个过程;两臂的举起和下落,可分为提、举、拉、按四个阶段,并将内劲贯注于动作的变化之中,眼神要随手儿动,带动头部的仰俯变化。待动作熟练后,还可以按照起吸落呼的规律以及虎的神韵要求,内外合一地进行锻炼。习练者可根据自己的身体条件和健康状况,循序渐进,逐步提高。

(二)引伸肢体,动诸关节

本功法动作体现了身体躯干的全方位运动,包括前俯、后仰、侧屈、拧转、折叠、提落、开合、缩放等各种不同的姿势,对颈椎、胸椎、腰椎等部位进行了有效的锻炼。总的来看,新功法以腰为主轴和枢纽,带动上、下肢向各个方向运动,以增大脊椎的活动幅度,增强健身功效。

本功法特别注意手指、脚趾等关节的运动,以达到加强远端血液微循环的目的。同时,还注意对平时活动较少或为人们所忽视的肌肉群的锻炼。例如,在设计"鹿抵""鹿奔""熊晃""猿提""鸟伸"等动作时,就充分考虑了这些因素。试验点教学效果检测对比数据也证实了这些动作的独特作用,有关指标呈现出较为明显的变化。

(三)外导内引,形松意充

古人将"导引"解释为"导气令和,引体令柔"。所谓"导气令和",主要指疏通调畅体内气血和调顺呼吸之气;所谓"引体令柔",就是指活利关节、韧带、肌肉的肢体运动。"健身气功——五禽戏"是以模仿动物姿势、以动为主的功法,根据动作升降开合,以形引气。虽然"形"显示于外,但为内在的"意""神"所系。外形动作既要仿效虎之威武,鹿之安舒,熊之沉稳,猿之灵巧,鸟之轻捷,还要力求蕴含"五禽"的神韵,意气相随,内外合一。例如"熊运",外形动作为两手在腹前划弧,腰、腹部同步摇晃,实则要求丹田内气也要随之运使,呼吸之气也要按照提吸落呼的规律去做,以达到"心息相依"的要求。

习练过程在保持功法要求的正确姿势前提下,各部分肌肉应尽量保持放松,做到舒适自然,不僵硬,不拿劲,不软塌。只有肢体松沉自然,才能做到以意引气,气贯全身;以气养神,气血通畅,从而增强体质。

(四)动静结合,练养相兼

"健身气功——五禽戏"模仿"五禽"的动作和姿势,舒展肢体,活络筋骨,同时在功法的起势、收势以及每一戏结束后,配以短暂的静功站桩,诱导习练者进入相对平稳的状态和"五禽"的意境,以此来调整气息宁心安神,起到"外静内功"的功效。具体来说,肢体运动时,形显示于外,但意识、神韵贯注于动作中,排除杂念,思想达到相对的"入静"状态;进行静功站桩时,虽然形体处于安静状态,但是必须体会到体内的气息运行以及"五禽"意境的转换。动与静的有机结合,两个阶段相互交替出现,起到练养相兼的互补作用,可进一步提高练功效果。

三、健身气功——五禽戏功法的动作图解

(一)手型、步型和平衡

1. 基本手型

(1)虎爪:五指张开,虎口撑圆,手指第一、二指关节弯曲内扣。(图5-4-1)

(2)鹿角:拇指伸直外张,食指、小指伸直,中指、无名指弯曲内扣。(图5-4-2)

图5-4-1

图5-4-2

(3)熊掌:拇指压在食指指端上,其余四指并拢弯曲,虎口撑圆。(图5-4-3)

(4)猿钩:五指指腹捏拢,屈腕。(图5-4-4)

图5-4-3

图5-4-4

(5)鸟翅:五指伸直,拇指、食指、小指向上翘起,无名指、中指并拢向下。(图5-4-5)

(6)握固：拇指抵掐无名指内侧，其余四指屈拢收于掌心。（图 5-4-6）

图 5-4-5　　　　　　　　　图 5-4-6

2. 基本步型

(1)弓步：两腿前后分开大一步，横向之间保持一定宽度，右（左）腿屈膝前弓，大腿斜向地面，膝与脚尖上下相对，脚尖内扣；左（右）腿自然伸直，脚跟蹬地，脚尖稍内扣，全脚掌着地。

(2)虚步：右（左）脚向前迈，脚跟着地，脚尖上翘，膝微屈；左（右）腿屈膝下蹲，全脚掌着地，脚尖斜向前方，臀部与脚跟上下相对。身体重心落于左（右）腿。

(3)丁步：两脚左右分开，间距约 10～20cm，两腿屈膝下蹲，左（右）脚脚跟提起，脚尖着地，虚点地面，置于右（左）脚脚弓处，右（左）脚全脚掌着地踏实。

3. 平衡

(1)提膝平衡：左（右）腿直立站稳，上体正直；右（左）腿在体前屈膝上提，小腿自然下垂，脚尖向下。

(2)后举腿平衡：右（左）腿蹬直站稳，左（右）腿伸直，像体后举起，脚面绷平，脚尖向下。

(二)动作图解、技术要领及健身作用

1. 预备式　起势调息

【技术要领】

动作一：两脚并拢，自然伸直；两手自然垂于体侧；胸腹放松，头项正直，下颌微收，舌抵上腭；目视前方。（图 5-4-7）

动作二：左脚向左平开一步，稍宽于肩，两膝微曲，松静站立；调息数次，意守丹田。（图 5-4-8）

动作三：肘微屈，两臂在体前向上、向前平托，与胸同高。（图 5-4-9）

动作四：两肘下垂外展，两掌向内翻转，并缓慢下按于腹前；目视前方。

重复三、四动作 2 遍后，两手自然垂于体侧。（图 5-4-10）

图 5-4-7　　　　　图 5-4-8

图 5-4-9　　　　　图 5-4-10

【注意事项】

(1) 两臂上提下按，意在两掌劳宫穴，动作柔和、均匀、连贯。

(2) 动作也可以配合呼吸，两臂上提时吸气，下按时呼气。

【易犯错误】

(1) 向左开步时，两膝过分挺直，身体左右摇晃。

(2) 两掌上提下按时，运行路线直来直去，两肘尖外扬，肩膀上耸。

【纠正方法】

(1) 开步前，两膝先微屈；开步时，身体重心先落于右脚，左脚提起后，再缓缓向左移动，左脚掌先着地，使重心保持平稳。

(2) 意念沉肩，再两臂启动，肘尖有下垂感觉，两掌上提、内合、下按，运行路线成弧线，圆活自然。

【功理作用】

(1) 排除杂念，诱导入静，调和气息，宁心安神。

(2)吐故纳新,升清降浊,调理气息。

第一戏 虎戏

"虎戏"要体现出虎的威猛。神发于目,虎视眈眈;威生于爪,伸缩有力;神威并重,气势凌人。动作变化要做到刚中有柔、柔中生刚、外刚内柔、刚柔相济,具有动如雷霆无阻挡、静如泰山不可摇的气势。

2. 第一式 虎举

【技术要领】

动作一:接上式。两手掌心向下,十指张开,在弯曲成虎爪状;目视两掌。(图5-4-11)

图 5-4-11

动作二:随手,两手外旋,由小指先弯曲,其余四指依次弯曲握拳,两拳沿体前缓慢上提。(图5-4-12、图5-4-13)至肩前时,十指撑开,举至头上方再弯曲成虎爪状;目视两掌。(图5-4-14)

图 5-4-12

图 5-4-13

图 5-4-14

动作三:两掌外旋握拳,拳心相对;目视两拳。

动作四：两拳下拉至肩前时，变掌下按。（图5－4－15）沿体前下落至腹前，十指撑开，掌心向下；目视两掌。（图5－4－16）

重复一～四动作3遍后。两手自然垂于体侧；目视前方。（图5－4－17）

图5－4－15　　　　　　　图5－4－16　　　　　　　图5－4－17

【注意事项】

(1) 十指撑开，弯曲成"虎爪"和外旋握拳，三个环节均要贯注劲力。

(2) 两掌向上如托举重物，提胸收腹，充分拔长躯体；两掌下落如拉双环，含胸松腹，气沉丹田。

(3) 眼随手动。

(4) 动作可配合呼吸，两掌上举时吸气，下落时呼气。

【易犯错误】

(1) 手直接由掌变拳，虎爪不明显。

(2) 两掌上举时，身体后仰，成反弓状。

【纠正方法】

(1) 手指撑开后，依次屈扣第一、二指关节，再紧握成拳。

(2) 两掌向头部上方托举，身体与地面保持垂直。

【功理作用】

(1) 两掌举起，吸入清气；两掌下按，呼出浊气。一升一降，疏通三焦气机，调理三焦功能。

(2) 手成"虎爪"变拳，可增强握力，改善上肢远端关节的血液循环。

3. 第二式　虎扑

【技术要领】

动作一：接上式。两手握空拳，沿身体两侧上提至肩前上方。（图5－4－18至图5－4－19）

图 5-4-18　　　　　图 5-4-18 侧　　　　　图 5-4-19

动作二：两手向上、向前划弧，十指弯曲成"虎爪"，掌心向下；同时上体前俯，挺胸塌腰；目视前方。（图 5-4-20、图 5-4-20 侧）

图 5-4-20　　　　　　　图 5-4-20 侧

动作三：两腿屈膝下蹲，收腹含胸；同时，两手向下划弧至两膝侧，掌心向下；目视前下方。（图 5-4-21）随后，两腿伸膝，送髋，挺腹，后仰；同时，两掌握空拳，沿体侧向上提至胸侧；目视前上方。（图 5-4-22、图 5-4-22 侧）

动作四：左腿屈膝提起，两手上举。（图 5-4-23）左脚向前迈出一步，脚跟着地，右腿屈膝下蹲，成左虚步；同时上提前倾，两拳变"虎爪"向前、向下扑至膝前两侧，掌心向下；目视前下方。（图 5-4-24）随后上体抬起，左脚收回，开步站立；两手自然下落于体侧；目视前方。（图 5-4-25）

动作五～八：同动作一～四，唯左右相反。（图 5-2-26 至图 5-4-32）

重复一～八动作 1 遍后，两掌向身体侧前方举起，与胸同高，掌心向上；目视前方。（图 5-4-33）两臂屈肘，两掌内合下按，自然垂于体侧；目视前方。（图 5-4-34）

传统体育养生功法 ◀ 第五章

图 5-4-21

图 5-4-22

图 5-4-22 侧

图 5-4-23

图 5-4-24

图 5-4-25

图 5-4-26

图 5-4-27

图 5-4-28

图 5-4-29　　　　　　图 5-4-30　　　　　　图 5-4-31

图 5-4-32　　　　　　图 5-4-33　　　　　　图 5-4-34

【注意事项】

(1) 上体前俯,两手尽力向前伸,而臀部向后引,充分伸展脊椎。

(2) 屈膝下蹲、收腹含胸要与伸膝、送髋、挺腹、后仰动作过程连贯,使脊椎形成由折叠到展开的蠕动,两掌下按上提要与之配合协调。

(3) 虚步下扑时,速度可加快,先柔后刚,配合快速深呼吸气,气由丹田发出,以气催力,气达指尖,表现出虎的威猛。

(4) 中老年习练者和体弱者,可根据情况适当减少动作幅度。

【易犯错误】

(1) "虎爪"和握拳两种手型的变化过程掌握不当。

(2) 身体由折弯到展开不够充分,两手配合不够协调。

(3) 向前迈步成虚步时,重心不稳,左右摇晃。

【纠正方法】

(1) 两手向前伸抓扑时,拳变"虎爪"力达指尖,由柔变刚;两掌向里划弧回收时;"虎爪"屈拢,轻握空拳,由刚转柔。

(2)身体前挺展开时,两手要注意后伸,运行路线要成弧形,协助身体完成屈伸蠕动。

(3)迈步时,两脚横向间距要保持一定宽度,适当增大稳定角度。

【功理作用】

(1)虎扑动作形成了脊椎的前后伸展折叠运动,尤其是腰前伸,增加了脊椎各关节的柔韧性和伸展度,可使脊椎保持正常的生理弧度。

(2)脊椎运动能增强腰部肌肉力量,对常见的腰部疾病,如腰肌劳损、习惯性腰扭伤等症有防治作用。

(3)督脉行于背部正中,任脉行于腹部正中,脊椎的前后伸展折叠,牵动任、督两脉,起到调理阴阳、疏通经络、调和气血的作用。

第二戏 鹿戏

鹿喜挺身瞭望,好角抵,运转尾闾,善奔走,通任、督两脉。习练"鹿戏"时,动作要轻盈舒展、神态要安闲雅静,意想自己置于群鹿中,在山坡、草原上自由快乐地活动。

4. 第三式 鹿抵

【技术要领】

动作一:接上式。两腿微屈,身体重心移至右腿,左脚经右脚内侧向左前方迈步,脚跟着地。同时,身体稍右转。两掌握空拳,向右侧摆起,掌心向下,高与肩平。目随手动,视右拳。(图5-4-35、图5-4-36)

图5-4-35　　　　　图5-4-36

动作二:身体重心前移;左腿屈膝,脚尖外展踏实;右腿伸直蹬实;同时,身体左转,两掌成"鹿角",向上、向左、向后划弧,掌心向外,指尖朝后,左臂弯曲外展平伸,肘抵靠左腰侧;右臂举至头前,向左后方伸抵,掌心向外,指尖朝后;目视右脚跟。(图5-4-37、图5-4-37侧)随后,身体右转,左脚收回,开步站立;同时两手向

上、向右、向下划弧,两掌握空拳下落于体前;目视前下方。(图 5-4-38)

图 5-4-37

图 5-4-37 侧

图 5-4-38

动作三、四:同动作一、二,唯左右相反。(图 5-4-39 至图 5-4-42)
动作五~八;同动作一~四。重复一~八动作 1 遍。

图 5-4-39

图 5-4-40

图 5-4-41

图 5-4-42

【注意事项】

(1) 腰部侧屈拧转，侧屈的一侧腰部要压紧，另一侧腰部则借助上举手臂后伸，得到充分牵拉。

(2) 右脚脚跟要蹬实，固定下肢位置，加大腰腹部的拧转幅度，运转尾闾。

(3) 动作可配合呼吸，两掌向上划弧摆动时吸气，向后伸抵时呼气。

【易犯错误】

(1) 腰部侧屈拧转时，身体过于前倾。

(2) 身体侧屈幅度不够，看不到后脚跟。

【纠正方法】

(1) 后腿沉髋，有助于上体正直，可加大腰部拧转幅度。

(2) 重心前移，增加前腿膝关节弯曲度，同时加大上举手臂向后下方伸展的幅度。

【功理作用】

(1) 腰部侧屈拧转，使整个脊椎充分旋转，可增强腰部的肌肉力量，也可防治腰部的脂肪沉积。

(2) 目视后脚脚跟，加大腰部在拧转时的侧屈程度，可防治腰椎小关节絮乱等症。

(3) 中医认为，腰为肾之府。尾闾运转，可起到强腰补肾、强筋健骨的功效。

5. 第四式　鹿奔

【技术要领】

动作一：接上式。左脚向前跨一步，屈膝，右腿伸直成左弓步；同时，两手握空拳，向上、向前划弧至体前，屈腕，高与肩平，与肩同宽，掌心向下；目视前方。（图5-4-43至图5-4-45）

图5-4-43

图5-4-44

图5-4-45

动作二：身体重心后移：左膝伸直，全脚掌着地，右腿屈膝，低头，弓背，收腹。同时，两臂内旋，两掌前伸，掌背相对，拳变"鹿角"。（图5－4－46至图5－4－46背）

图5－4－46　　　　　　图5－4－46侧　　　　　　图5－4－46背

动作三：身体重心前移，上体抬起；右腿伸直，左腿屈膝，成左弓步；松肩沉肘，两臂外旋，"鹿角"变空拳。高与肩平，掌心向下；目视前方。（图5－4－47）

动作四：左脚收回，开步直立；两拳变掌，回落于体侧；目视前方。（图5－4－48）

图5－4－47　　　　　　　　　图5－4－48

动作五～八：同动作一～四，唯左右相反。（图5－4－49至图5－4－52）

图 5-4-49　　　　　　图 5-4-50

图 5-4-51　　　　　　图 5-4-52

重复一～八动作1遍后,两拳向身体侧前方举起,与胸同高,掌心向上;目视前方。(图5-4-53)屈肘,两掌内合下按,自然垂于体侧;目视前方。(图5-4-54)

图 5-4-53　　　　　　图 5-4-54

【注意事项】

(1)提腿前跨要有弧度,落步轻灵,体现鹿的安舒神态。

(2)身体后坐时,两臂前伸、胸部内含,背部形成"横弓"状;头前伸、腹收缩,背后拱,形成"竖弓"状,使腰、背得到充分伸展和拔长。

(3)动作可配合呼吸。身体后坐时,配合吸气。重心前移时,配合呼气。

【易犯错误】

(1)落步后两脚成一直线,重心不稳,上体紧张歪扭。

(2)背部"横弓"与"竖弓"不够明显。

【纠正方法】

(1)脚提起后,向同侧肩部正前方跨步,保持两脚横向宽度。

(2)加大两肩内旋幅度,可增大收胸程度;头髋前伸,收腹后顶,可增大躯干的前后弯幅度。

【功理作用】

(1)两臂内旋前伸,肩、背部肌肉得到牵拉,对颈肩综合征、肩关节周围炎等有防治作用;躯干弓背收腹,能矫正脊椎畸形,增强腰、背肌肉力量。

(2)向前落步时,气充丹田,身体重心后坐时,气运命门,加强了人的先天与后天之气的交流。尤其是重心后坐,整条脊椎后弯,内夹尾闾,后凸命门,打开大椎,意在疏通督脉经气,具有振奋全身阳气的作用。

第三戏　熊戏

"熊戏"要表现出熊的憨厚沉稳、松静自然的神态。运势外阴内阳,外动内静,外刚内柔,以意领气,气沉丹田;行步外观笨重拖沓,其实笨中生灵,蕴含内劲,沉稳之中灵敏。

6. 第五式　熊运

【技术要领】

动作一:接上式。两掌握空成"熊掌"拳眼相对,垂于下腹部;目视两拳。(图5-4-55)

动作二:以腰、腹为轴,上体做顺时针摇晃;同时,两拳随之沿右肋部、上腹部、左肋部、下腹部划圆;目随上体摇晃环视。(图5-4-56至图5-4-59)

动作三、四:同动作一、二。

图 5-4-55

图 5-4-56

图 5-4-57

图 5-4-58

图 5-4-59

动作五~八：同动作一~四，唯左右相反，上体做逆时针摇晃，两拳随之划圆。（图 5-4-60 至图 5-4-63）做完最后一动，两拳变掌下落，自然垂于体侧；目视前方。（图 5-4-64）

图 5-4-60

图 5-4-61

图 5-4-62

图 5-4-63

图 5-4-64

【注意事项】

(1) 两拳划圆应随腰腹部的摇晃而被牵动,要协调自然。

(2) 两掌划圆是外导,腰、腹摇晃为内引,意念内气在腹部丹田运行。

(3) 动作可配合呼吸,身体上提时吸气,身体前俯时呼气。

【易犯错误】

(1) 两掌贴腹太紧或主动划圆形成摩腹动作,没有随腰、腹部的转动协调地进行划圆摆动。

(2) 以腰、胯为轴进行转动,或身体摇晃幅度过大。

【纠正方法】

(1) 肩肘放松,两掌轻附于腰、腹,体会用腰、腹的摇晃来带动两手运行。

(2) 相对固定腰、胯位置,身体摇晃时,在意念上是做立圆摇转。因此,当向上摇晃时,做提胸收腹,充分伸展腰、腹;向下摇晃时,做含胸松腹,挤压脾、胃、肝等中焦区域的内脏器官。

【功理作用】

(1) 活动腰部关节和肌肉,可防治腰肌劳损及软组织损伤。

(2) 腰腹转动,两掌划圆,引导内气运行,可加强脾、胃的运化功能。

(3) 运用腰、腹摇晃,对消化器官进行体内按摩,可防治消化不良、腹胀纳呆、便秘腹泻等症状。

7. 第六式 熊晃

【技术要领】

动作一:接上式。身体重心右移;左髋上提,牵动左脚离地,再微屈左膝;两掌握空拳成"熊掌";目视左前方。(图 5-4-65)

动作二:身体重心前移;左脚向左前方落地,全脚掌踏实,脚尖朝前,右腿伸直;

身体右转,左臂内旋前靠,左拳摆至左膝前上方,拳心朝左;右拳摆至体后,拳心朝后;目视左前方。(图5-4-66)

图5-4-65

图5-4-66

动作三:身体左转,重心后坐;右腿屈膝,左腿伸直;拧腰晃肩,带动两臂前后弧形摆动;右拳摆置左膝前上方,拳心朝右;左拳摆至体后,拳心朝后;目视左前方。(图5-4-67)

动作四:身体右转,重心前移;左腿屈膝,右腿伸直;同时,左臂内旋前靠,左臂摆至左膝前上方,拳心朝左;右拳摆至体后,拳心朝后;目视左前方。(图5-4-68)

动作五~八:同动作一~四,唯左右相反。(图5-4-69至图5-4-72)

重复一~八动作1遍后,左脚上步,开步站立;同时,两手自然垂于体侧。(图5-4-73)两掌向身体侧前方举起,与胸同高,掌心向上;目视前方。(图5-4-74)屈肘,两掌内合下按,自然垂于体侧;目视前方。(图5-4-75)

图5-4-67

图5-4-68

图5-4-69

图 5-4-70　　　　　图 5-4-71　　　　　图 5-4-72

图 5-4-73　　　　　图 5-4-74　　　　　图 5-4-75

【注意事项】

(1)用腰侧肌群收缩来牵动大腿上提,按摩髋、起腿、屈膝的先后顺序提腿。

(2)两脚前移,横向间距稍宽于肩,随身体重心前移,全脚掌踏实,使震动感传至髋关节处,体现熊步的沉稳厚实。

【易犯错误】

(1)没有提髋动作,直接屈膝提腿,向前迈步。

(2)落步时,脚用力前踏,髋关节处没有震动感。

【纠正方法】

(1)可先练习左右提髋。方法是:两肩保持水平,重心移向右脚,上提左髋,牵动左腿提起,再原处落下;然后重心左移,上提右髋。以此体会腰侧肌群收缩状态。

(2)提髋,屈膝,身体重心前移,脚自然落地,体重落于全脚掌。同时踝、膝关节放松,使震动感传至髋部。

【功理作用】

(1)身体左右晃动,意在两肋,调理肝脾。

（2）提髋行走，再加上落步的微震，可增强髋关节周围肌肉的力量，提高平衡能力，有助于防治老年人下肢无力、髋关节损伤、膝痛等症。

第四戏　猿戏

猿生性好动，机智灵敏，善于纵跳，折枝攀树，躲躲闪闪，永不疲倦。习练"猿戏"时，外练肢体的轻灵敏捷，欲动则如疾风闪电，迅敏机警；内练精神的宁静，欲静则似静月凌空，万籁无声，从而达到"外动内静""动静结合"的境界。

8. 第七式　猿提

【技术要领】

动作一：接上式。两掌在体前，手指伸直分开。（图5-4-76）再屈腕撮拢捏紧成"猿钩"。（图5-4-77、图5-4-77侧）

图5-4-76

图5-4-77

图5-4-77侧

动作二：两掌上提至胸，两肩上耸，收腹提肛；同时，脚跟提起，头向左转；目随头动，视身体左侧。（图5-4-78、图5-4-78侧）

图5-4-78

图5-4-78侧

动作三：头转正，两肩下沉，松腹落肛，脚跟着地；"猿钩"变掌，掌心向下，目视

前方。(图5-4-79)

动作四:两掌沿体前下按落于体侧;目视前方。(图5-4-80)

动作五～八:同动作一～四,唯头向右转。(图5-4-81至图5-4-85)

重复一～八动作1遍。

图5-4-79

图5-4-80

图5-4-81

图5-4-82

图5-4-83

图5-4-84

图5-4-85

【注意事项】

(1)掌指撮拢变钩,速度稍快。

(2)按耸肩、收腹、提肛、脚跟离地、转头的顺序,上提重心。耸肩、缩胸、屈肘、提腕要充分。

(3)动作可配合提肛呼吸。两掌上提吸气时,稍用意提起会阴部;下按呼气时,放下会阴部。

【易犯错误】

(1)脚跟离地后,重心不稳,前后晃动。

(2)耸肩不够充分,胸、背部和上肢不能充分团紧。

【纠正方法】

(1)头部百会穴上领,牵动整个身体垂直向上,起到稳定重心的作用。

(2)以胸部膻中穴为中心,缩项、夹肘、团胸、收腹,可加强胸、背部和上肢的团紧程度。

【功理作用】

(1)"猿钩"的快速变化,意在增强神经——肌肉反应的灵敏性。

(2)两掌上提时,缩项,耸肩,团胸吸气,挤压胸腔和颈部血管;两掌下按时,伸颈,沉肩,松腹,扩大胸腔体积,可增强呼吸,按摩心脏,改善脑部供血。

(3)提踵直立,可增强腿部力量,提高平衡能力。

9. 第八式　猿摘

【技术要领】

动作一:接上式。左脚向左后方退步,脚尖点地,右腿屈膝,重心落于右腿;同时,左臂屈肘,左掌成"猿钩"收至左腰侧;右掌向右前方自然摆起,掌心向下。(图 5-4-86)

图 5-4-86　　　　　图 5-4-87　　　　　图 5-4-88

动作二：身体重心后移；左脚踏实，屈膝下蹲，右脚收至左脚内侧，脚尖点地，成右丁步；同时，右掌向下经腹前向左上方划弧至头左侧，掌心对太阳穴；目先随右掌动，再转头注视右前上方。（图5-4-87、图5-4-88）

动作三：右掌内旋，掌心向下，沿体侧下按至左髋侧；目视右掌。（图5-4-89）右脚向右前方迈出一大步，左腿蹬伸，身体重心前移；右腿伸直，左脚脚尖点地；同时，右掌经体前向右上方划弧，举至右上侧变"猿钩"，稍高于肩；左掌向前、向上伸举，屈腕撮钩，成采摘势；目视左掌。（图5-4-90至图5-4-91侧）

图5-4-89　　　　　图5-4-90

图5-4-91　　　　　图5-4-91侧

动作四：身体重心后移；左掌由"猿钩"变为"握固"；右手变掌，自然会落于体前，虎口朝前。（图5-4-92）随后，左腿屈膝下蹲，右脚收至左脚内侧，脚尖点地，成右丁步；同时，左臂屈肘收至左耳旁，掌指分开，掌心向上，成托桃状；右掌经体前向左划弧至左肘下捧托；目视左掌。（图5-4-93）

动作五～八：同动作一～四，唯左右相反。（图5-4-94至图5-4-100）

图 5-4-92　　　　　图 5-4-93　　　　　图 5-4-94

图 5-4-95　　　　　图 5-4-96　　　　　图 5-4-97

图 5-4-98　　　　　图 5-4-99　　　　　图 5-4-100

重复一～八动作1遍后,左脚向左横开一步,两腿直立;同时,两手自然垂于体侧。(图5-4-101)两掌向身体侧前方举起,与胸同高,掌心向上;目视前方。(图5-4-102)屈肘,两掌内合下按,自然垂于体侧;目视前方。(图5-4-103)

图5-4-101

图5-4-102

图5-4-103

【注意事项】

(1)眼要随上肢动作变化左顾右盼,表现出猿猴眼神的灵敏。

(2)屈膝下蹲时,全身呈收缩状。蹬腿迈步,向上采摘,肢体要充分展开。采摘时变"猿钩",手指撮拢快而敏捷;变握固后,成托桃状时,掌指要及时分开。

(3)动作以神似为主,重在体会其意境,不可太夸张。

【易犯错误】

(1)上、下肢动作配合不够协调。

(2)摘桃时,手臂向上直线推出,"猿钩"变化的时机掌握不准。

【纠正方法】

(1)下蹲时,手臂屈肘,上臂靠近身体;蹬伸时,手臂充分展开。

(2)向上采摘,手的运行路线呈向上弧形,动作到位时,手掌才变成猿钩状。

【功理作用】

(1)眼神的左顾右盼,有利于颈部运动,促进脑部的血液循环。

(2)动作的多样性体现了神经系统和肢体运动的协调性,模拟猿猴在采摘桃果时的愉悦心情,可减轻大脑神经系统的紧张度,对神经紧张、精神忧郁等症有防治作用。

第五戏　鸟戏

鸟戏取形于鹤。鹤是轻盈安详的鸟类,人们对它进行描述时往往寓意它的健康长寿。习练时,要表现出鹤的昂然挺拔、悠然自得的神韵。仿效鹤翅飞翔,抑扬开合。两臂上提,伸颈运腰,真气上引;两臂下合,含胸松腹,气沉丹田。活跃周身经络,灵活四肢关节。

10. 第九式　鸟伸

【技术要领】

动作一：接上式。两腿微屈下蹲，两掌在腹前和叠。（图5-4-104）

动作二：两掌向上举至头前上方，掌心向下，指尖向前；身体微向前倾，提肩，缩项，挺胸，塌腰；目视前下方。（图5-4-105）

动作三：两腿微屈下蹲；同时，两掌相叠下按至腹前；目视两掌。（图5-4-106）

图5-4-104

图5-4-105

图5-4-106

动作四：身体重心右移；右腿蹬直向后抬起；同时，两掌左右分开，掌成"鸟翅"，向体侧后方摆起，掌心向上；抬头，伸颈，挺胸，塌腰；目视前方。（图5-4-107）

动作五～八：同动作一～四，唯左右相反。（图5-4-108至图5-4-111）

图5-4-107

图5-4-108

图5-4-109

重复一～八动作1遍后，左脚下落，两脚开步站立，两手自然垂于体侧；目视前方。（图5-4-112）

图 5-4-110　　　　　　图 5-4-111　　　　　　图 5-4-112

【注意事项】

（1）两掌在体前相叠，上下位置可任选，以舒适自然为宜。

（2）注意动作的松紧变化。举上掌时，颈、肩、臀部紧缩；下落时，两腿微屈，颈、肩、臀部松沉。

（3）两臂后摆时，身体向上拔伸，并形成向后反弓状。

【易犯错误】

（1）松紧变化掌握不好。

（2）单腿支撑时，身体重心不稳。

【纠正方法】

（1）先练习两掌相叠，在体前做上举下落动作，上举时收紧，下落时放松，逐步过渡到完整动作。

（2）身体重心移到支撑腿后，另腿再向后抬起，支撑腿的膝关节挺直，有助于提高动作的稳定性。

【功理作用】

（1）两掌上举吸气，扩大胸腔；两手下按，气沉丹田，呼出浊气，可加强肺的吐故纳新功能，增加肺活量，改善慢性支气管炎、肺气肿等病的症状。

（2）两掌上举，作用于大椎和尾闾，督脉得到牵动；两掌后摆，身体成反弓状，任脉得到拉伸。这种松紧交替的练习方法，可增强疏通任、督两脉经气的作用。

11. 第十式　鸟飞

【技术要领】接上式。两腿微屈；两掌成"鸟翅"合于腹前，掌心相对；目视前下方。（图5-4-113）

动作一：右腿伸直独立，左腿屈膝提起，小腿自然下垂，脚尖朝下；同时，两掌成

展翅状,在体侧平举向上,稍高于肩,掌心向下;目视前方。(图5-4-114)

动作二:左脚下落在右脚旁,脚尖着地,两腿微屈;同时,两掌合于腹前,掌心相对;目视前下方。(图5-4-115)

图5-4-113　　　　　图5-4-114　　　　　图5-4-115

动作三:右腿伸直独立,左腿屈膝提起,小腿自然下垂,脚尖朝下;同时,两掌经体侧,向上举至头顶上方,掌背相对,指尖向上;目视前方。(图5-4-116、图5-4-117)

动作四:左脚下落在右脚旁,全脚掌着地,两腿微屈;同时,两掌合于腹前,掌心相对;目视前下方。(图5-4-118)

图5-4-116　　　　　图5-4-117　　　　　图5-4-118

动作五~八:同动作一~四,唯左右相反。(图5-4-119至图5-4-122)

图 5-4-119　　　　　　　图 5-4-120

图 5-4-121　　　　　　　图 5-4-122

　　重复一～八动作 1 遍后,两掌向身体侧前方举起,与胸同高,掌心向上;目视前方。(图 5-4-123)屈肘,两掌内合下按,自然垂于体侧;目视前方。(图 5-4-124)

图 5-4-123　　　　　　　图 5-4-124

【注意事项】

（1）两臂侧举，动作舒展，幅度要大，尽量展开胸部两侧；两臂下落内合，尽量挤压胸部两侧。

（2）手脚变化配合协调，同起同落。

（3）动作可配合呼吸，两掌上提时吸气，下落时呼气。

【易犯错误】

（1）两臂伸直摆动，动作僵硬。

（2）身体紧张，直立不稳，呼吸不畅。

【纠正方法】

（1）两臂上举时，力从肩发，先沉肩，再松肘，最后提腕，形成手臂举起的蠕动过程；下落时，先松肩，再沉肘，最后按掌合于腹前。

（2）两臂上举吸气，头部百会穴上领，提胸收腹；下落呼气，松腰松腹，气沉丹田。

【功理作用】

（1）两臂的上下运动可改变胸腔容积，若配合呼吸运动可起到按摩心肺作用，增强血氧交换能力。

（2）拇指、食指的上翘紧绷，意在刺激手太阴肺经，加强肺经经气的流通，提高心肺功能。

（3）提膝独立，可提高人体平衡能力。

12. 收势　　引气归元

【技术要领】

动作一：两掌经体侧上举至头顶上方，掌心向下。（图 5-4-125）

动作二：两掌指尖相对，沿体前缓慢下按至腹前；目视前方。（图 5-4-126）

重复一、二动作 2 遍。

图 5-4-125　　　　　图 5-4-126

动作三：两手缓慢在脐前划平弧，掌心相对，高与脐平；目视前方。（图5-4-127）

动作四：两手在腹前合拢，虎口交叉，叠掌；眼微闭静养，调匀呼吸，意守丹田。（图5-4-128）

图5-4-127　　　　　　　图5-4-128

动作五：数分钟后，两眼慢慢睁开，两手合掌，在胸前搓擦至热。（图5-4-129）

动作六：掌贴面部，上、下擦摩，浴面3~5遍。（图5-4-130）

图5-4-129　　　　　　　图5-4-130

动作七：两掌向后沿头顶、耳后、胸前下落，自然垂于体侧；目视前方。（图5-4-131）

动作八：左脚提起向右脚并拢，前脚掌先着地，随之全脚踏实，恢复成预备势；目视前方。（图5-4-132）

图 5-4-131　　　　　图 5-4-132

【注意事项】

(1)两掌由上向下按时,身体各部位要随之放松,直达脚底涌泉穴。

(2)两掌腹前划平弧动作,衔接要自然、圆活,有向前收拢物体之势,意将气息合抱引入丹田。

【易犯错误】

(1)两掌上举带动两肩上抬,胸廓上提。

(2)两掌运行路线不清。

【纠正方法】

(1)身体重心相对固定,两掌上举时,注意肩部下沉放松。

(2)两掌在体侧向上做立圆和在腹前向前划平弧时,意念要放在掌心。

【功理作用】

(1)引气归元就是使气息逐渐平和,意将练功时所得体内、外之气,导引归入丹田,起到和气血、通经脉、理脏腑的功效。

(2)通过搓手、浴面,恢复常态、收功。

第五节　健身气功——八段锦

一 健身气功——八段锦功法概述

八段锦的"八"字,不是单指段、节和八个动作,而是表示其功法有多种要素,相互制约,相互联系,循环运转。正如明·高濂在其所著《遵生八笺》中"八段锦引导法"所讲:"子后午前做,造化合乾坤。循环次第转,八卦是良因。""锦"字,是由"金""帛"组成,以表示其精美华贵。除此之外,"锦"字还可理解为单个导引术式的汇集,如丝锦那样连绵不断,是一套完整的健身方法。

八段锦之名最早出现在南宋洪迈所著《夷坚志》中:"政和七年,李似矩为起居郎……尝以夜半时起坐,嘘吸按摩,行所谓八段锦者。"说明八段锦在北宋已流传于世,并有坐势和立势之分。

由于立势八段锦更便于群众习练,流传甚广,"健身气功——八段锦"以立势八段锦为蓝本,进行挖掘整理和编创,因此,本书重点对立势八段锦的源流和有关情况进行分析介绍。

立势八段锦在养生文献上首见于南宋·曾慥著《道枢·众妙篇》:"仰掌上举以治三焦者也;左肝右肺如射雕焉;东西独托,所以安其脾胃矣;返复而顾,所以其伤劳矣;大小朝天,所以通其五脏矣;咽津补气,左右挑其手;摆鳝之尾,所以祛心之疾矣;左右手以攀其足,所以治其腰矣。"但这一时期的八段锦没有定名,其文字也尚未歌诀化。之后,在南宋陈元靓所编《事林广记·修真秘旨》中才定名为"吕真人安乐法"。其文字已歌诀化:"昂首仰托顺三焦,左肝右肺如射雕;东脾单托兼西胃,五劳回顾七伤调;鳝鱼摆尾通心气,两手搬脚定于腰;大小朝天安五脏,漱津咽纳指双挑。"明清时期,立势八段锦有了很大的发展,并得到了广泛传播。清末《新出保身图说·八段锦》首次以"八段锦"为名,并绘有图像,形成了较为完整的动作套路。其歌诀为:"两手托天理三焦,左右开弓似射雕;调理脾胃须单举,五劳七伤往后瞧;摇头摆尾去心火,背后七颠百病消;攒拳怒目增力气,两手攀足固肾腰。"从此,传统八段锦动作被固定下来。

八段锦在流传中出现了许多流派。例如,清朝山阴娄杰述八段锦立功,其歌诀为:"手把碧天擎,雕弓左右鸣;鼎凭单臂举,剑向半肩横;擒纵如猿捷,威严似虎狞;更同飞燕急,立马告功成。"另外,还有《易筋经外经图说·外壮练力奇验图》《八段锦体操图(12式)》等。这类八段锦都出于释门,僧人将其作为健身养生的方法和武术基本功来练习。

总的来说,八段锦被分为南北两派。行功时动作柔和,多采用站式动作的,被称为南派,委托梁世昌所传;动作多马步,以刚为主的,被称为北派,附会为岳飞所传。从文献和动作上考察,不论是南派还是北派,都同出一源。其中附会的传人无文字可考证。

八段锦究竟为何人、何时所创,尚无定论。但从湖南长沙马王堆三号墓出土的《导引图》可以看到,至少有4幅图势中的"调理脾胃须单举""双手攀足固肾腰""左右开弓似射雕""背后七颠百病消"相似。另外,从南北朝时期陶弘景所辑录的《养性延命录》中也可以看到类似的动作图势。例如,"狼距鸱顾,左右自摇曳"与"五劳七伤往后瞧"动作相似;"顿踵三还"与"背后七颠百病消"动作相似;"左右挽弓势"基本与"左右开弓似射雕"动作相同;"左右单托天势"与"调理脾胃须单举"动作相同;"两手前筑势"基本与"攒拳怒目增力气"动作相同。这些都说明,八段锦与《导引图》以及《养性延命录》有一定关系。

新中国成立后,党和政府对民族传统体育项目非常重视。20世纪50年代后期,人民体育出版社先后出版了唐豪、马凤阁等人编著的《八段锦》,后又组织编写小组对传统八段锦进行了挖掘整理。由于政府的重视,习练八段锦的群众逐年增多,到20世纪70年代末80年代初,八段锦作为民族传统体育项目开始进入我国大专院校课程。这些都极大地促进了八段锦理论的发展,丰富了八段锦的内涵。

通过对大量文献史料的查阅、考证,有以下基本的认识:一为传统八段锦流传年代应早于宋代,在明清时期有了较大发展。二为传统八段锦创编人尚无定论,可以说八段锦是历代养生家和习练者共同创造的知识财富。

清末以前的八段锦主要是一种以肢体运动为主的导引术。八段锦无论是南派、北派或是文武不同练法,都同出一源,在流传中相互渗透,逐渐趋向一致。

二 健身气功——八段锦功法特点与作用

"健身气功——八段锦"的运用强度和动作的编排次序符合运动学和生理学规律,属于有氧运动。整套功法增加了预备势和收势,使套路更加完整规范。功法动作特点主要体现在以下几个方面。

(一)柔和缓慢,圆活连贯

柔和,是指习练时动作不僵不拘,轻松自如,舒展大方。缓慢,是指练时身体重心平稳,虚实分明,轻飘徐缓。圆活,是指动作路线带有弧形,不起棱角,不直来直往,符合人体各关节自然弯曲的状态。它是以腰脊为轴带动四肢运动,上下相随,节节贯穿。连贯,是要求动作的虚实变化和姿势的转换衔接,无停顿断续之处。既像行云流水连绵不断,又如春蚕吐丝相连无间,使人神清气爽,体态安详,从而达到疏通经络、畅通气血和强身健体的效果。

(二)松紧结合,动静相兼

松,是指习练时肌肉、关节以及中枢神经系统内脏器官的放松。在意识的主动支配下,逐步达到呼吸柔和,心静体松,同时松而不懈,保持正确的姿态,并将这种放松程度不断加深。紧,是指习练中适当用力,且缓慢进行,主要体现在前一动作的结束与下一动作的开始之前。"健身气功——八段锦"中的"双手托天理三焦"的上托、"左右弯弓似射雕"的马步拉弓、"调理脾胃须单举"的上举、"五劳七伤往后瞧"的转头旋臂、"攒拳怒目增气力"的冲拳与抓握、"背后七颠百病消"的脚趾抓地与提肛等,都体现了这一点。紧,在动作中只在一瞬间,而放松须贯穿动作的始终。松紧配合的适度,有助于平衡阴阳、疏通经络、分解黏滞、滑利关节、活血化瘀、强筋健骨、增强体质。

  本功法中的动与静主要指身体动作的外在表现。动,就是在意念的引导下,动作轻灵活泼、节节贯穿、舒适自然。静,是指在动作的节分处做到沉稳,特别是在前面所讲八个动作的缓慢用力之处,在外观上看略有停顿之感,但内劲没有停,肌肉继续用力,保持牵引抻拉。适当的用力和延长作用时间,能够使相应的部位受到一定的强度刺激,有助于提高锻炼效果。

(三)神与形合,气寓其中

  神,是指人体的精神状态和正常的意识活动,以及在意识支配的形体表现。"神为形之主,形乃神之宅",神与形是相互联系、相互促进的整体。本功法每势动作以及动作之间充满了对称与和谐,体现出内实精神、外示安逸、虚实相生、刚柔相济,做到了意动形随、神形兼备。

  气寓其中,是指通过精神的修养和形体的锻炼,促进真气在体内的运行,以达到强身健体的功效。习练本功法时,呼吸应顺畅,不可强吸硬呼。

三 健身气功——八段锦功法的动作图解

(一)手型、步型

1. 基本手型

(1)拳:大拇指抵掐无名指根节内侧,其余四指屈拢收于掌心。(图5-5-1)

(2)掌

掌一:五指微屈,稍分开,掌心微含。(图5-5-2)

图 5-5-1

图 5-5-2

掌二：拇指与食指竖直分开成八字状，其余三指第一、二指节屈收，掌心微含。（图5-5-3）

（3）爪：五指并拢，大拇指第一指节，其余四指第一、二指节屈收扣紧，手腕伸直。（图5-5-4）

图5-5-3

图5-5-4

2. 基本步型

马步：开步站立，两脚间距约为本人脚长的2～3倍，屈膝半蹲，大腿略高于水平。（图5-5-5）

图5-5-5

（二）动作图解、技术要领及健身作用

1. 预备势

【技术要领】

动作一：两脚并步站立；两臂自然垂于体侧；身体中正，目视前方。（图5-5-6）

动作二：随着松腰沉髋，身体重心移至右腿；左脚向左侧开步，脚尖朝前，约与肩同宽；目视前方。（图5-5-7）

动作三：两臂内旋，两掌分别向两侧摆起，约与髋同高，掌心向后；目视前方。（图5-5-8）

图 5-5-6　　　　　图 5-5-7　　　　　图 5-5-8

动作四：上动不停。两腿膝关节稍屈；同时，两臂外旋，向前合抱于腹前呈圆弧形，与脐同高，掌心向内，两掌指间距约 10cm；目视前方。（图 5-5-9、图 5-5-10）

图 5-5-9　　　　　　　图 5-5-10

【注意事项】

（1）头向上顶，下颏微收，舌抵上颚，双唇轻闭，沉肩坠肘，腋下虚掩；胸部宽舒，腹部松沉；收髋敛臀，上体中正。

（2）呼吸徐缓，气沉丹田，调息 6～9 次。

【功理作用】宁静心神，调整呼吸，内安五脏，端正身形，从精神与肢体上做好练功前的准备。

2. 第一式　两手托天理三焦

【技术要领】

动作一：接上式。两臂外旋微下落，两掌五指分开在腹前交叉，掌心向上，目视前方。（图 5-5-11）

动作二：上动不停。两腿徐缓挺膝伸直；同时，两掌上托至胸前，随之两臂内旋向上托起，掌心向上；抬头，目视两掌。（图 5-5-12）

图 5-5-11　　　　　图 5-5-12

动作三：上动不停。两臂继续上托，肘关节伸直；同时，下颏内收，动作略停；目视前方。(图 5-5-13)

动作四：身体重心缓缓下降；两腿膝关节微屈；同时，十指慢慢分开，两臂分别向身体两侧下落，两掌捧于腹前，掌心向上；目视前方。(图 5-5-14)

图 5-5-13　　　　　图 5-5-14

本式托举、下落为一遍，共做六遍。

【注意事项】

(1) 两掌上托要舒胸展体，略有停顿，保持伸拉。

(2) 两掌下落，松腰沉髋，沉肩坠肘，松腕舒指，上体中正。

【功理作用】

(1) 通过两手交叉上托，缓慢用力，保持抻拉，可使"三焦"通畅、气血调和。

(2) 通过拉长躯干与上肢各关节周围的肌肉、韧带及关节软组织，对防治肩部疾患、预防颈椎病等具有良好的作用。

3. 第二式　左右开弓似射雕

【技术要领】

动作一：接上式。身体重心右移；左脚向左侧开步站立，两腿膝关节自然伸直；同时，两掌向上交叉于胸前，左掌在外，两掌心向内；目视前方。（图5-5-15）

动作二：上动不停。两腿徐缓屈膝半蹲成马步；同时，右掌屈指成"爪"，向右拉至肩前；左掌成八字掌，左臂内旋，向左侧推出，与肩同高，坐腕，掌心向左，犹如拉弓射箭之势；动作略停；目视左掌方向。（图5-5-16）

图5-5-15

图5-5-16

动作三：身体重心右移；同时，右手五指伸开成掌，向上、向右划弧，与肩同高，指尖朝上，掌心斜向前；左手指伸开成掌，掌心斜向后；目视右掌。（图5-5-17）

动作四：上动不停。重心继续右移；左脚回收成并步站立；同时，两掌分别由两侧下落，捧于腹前，指尖相对，掌心向上；目视前方。（图5-5-18）

图5-5-17

图5-5-18

动作五～八：同动作一～四，唯左右相反。（图5-5-19至图5-5-22）

本式一左一右为一遍，共做三遍。

图 5-5-19　　　　　　图 5-5-20

图 5-5-21　　　　　　图 5-5-22

第三遍最后一动时,身体重心继续左移;右脚回收成开步站立,与肩同宽,膝关节微屈;同时,两掌分别由两侧下落,捧于腹前,指尖相对,掌心相对;目视前方。

【注意事项】

(1)侧拉之手五指要并拢屈紧,肩臂放平。

(2)八字掌侧撑需沉肩坠肘,屈腕,竖指,掌心含空。

(3)年老或体弱者可自行调整马步的高度。

【功理作用】

(1)展肩扩胸,可刺激督脉和背部腧穴;同时刺激三阴三阳经等。可调节手太阴肺经等经脉之气。

(2)可有效发展下肢肌肉力量,提高平衡和协调的能力;同时,增加前臂和手部肌肉的力量,提高手腕关节及指关节的灵活性。

(3)有利于矫正不良姿势,如驼背及肩内收,很好地预防肩、颈疾病等。

4. 第三式　调理脾胃须单举

【技术要领】

动作一：接上式。两腿徐缓挺膝伸直；同时，左掌上托，左臂外旋上穿经面前，随之臂内旋上举至头左上方，肘关节微屈，力达掌根，掌心向上，掌指向右；同时，右掌微向上托，随之臂内旋下按至右髋旁，肘关节微屈，力达掌根，掌心向下，掌指向前，动作略停；目视前方。（图5-5-23）

动作二：松腰沉髋，身体重心缓缓下降；两腿膝关节微屈；同时，左臂屈肘外旋，左掌经面前下落于腹前，掌心向上；右臂外旋，右掌向上捧于腹前，两掌指尖相对，相距约10cm，掌心向上；目视前方。（图5-5-24）

图5-5-23　　　　　　　图5-5-24

动作三、四：同动作一、二，唯左右相反。（图5-5-25、图5-5-26）

本式一左一右为一遍，共做三遍。

第三遍最后一动时，两腿膝关节微屈；同时，右臂屈肘，右掌下按于右髋旁，掌心向下，掌指向前；目视前方。（图5-5-27）

图5-5-25　　　　　图5-5-26　　　　　图5-5-27

【注意事项】力在掌根,上撑下按,舒胸展体,拔长腰脊。

【功理作用】

(1)通过左右上肢一松一紧的上下对拉(静力牵张),可以牵拉腹腔,对脾胃中焦肝胆起到按摩作用;同时可以刺激位于腹、胸胁部的相关经络以及背部腧穴等,达到调理脾胃(肝胆)和脏腑经络的作用。

(2)可使脊椎内各椎骨间的小关节及小肌肉得到锻炼,从而增强脊椎的灵活性与稳定性,有利于预防和治疗肩、颈疾病等。

5. 第四式　五劳七伤往后瞧

【技术要领】

动作一:接上式。两腿徐缓挺膝伸直;同时,两臂伸直,掌心向后,指尖向下,目视前方。(图5-5-28)然后上动不停,两臂充分外旋,掌心向外;头向左后转,动作略停;目视左斜后方。(图5-5-29)

图5-5-28　　　　图5-5-29

动作二:松腰沉髋,身体重心缓缓下降;两腿膝关节微屈;同时,两臂内旋按于髋旁,掌心向下,指尖向前;目视前方。(图5-5-30)

动作三:同动作一,唯左右相反。(图5-5-31、图5-5-32)

动作四:同动作二。(图5-5-33)

本式一左一右为一遍,共做三遍。

第三遍最后一动时,两腿膝关节微屈;同时,两掌捧于腹前,指尖相对,掌心向上;目视前方。(图5-5-34)

图 5-5-30

图 5-5-31

图 5-5-32

图 5-5-33

图 5-5-34

【注意事项】

(1)头向上顶,肩向下沉。

(2)转头不转体,旋臂,两肩后张。

【功理作用】

(1)本式动作通过上肢伸直外旋扭转的静力牵张作用,以扩张牵拉胸腔、腹腔的脏腑。

(2)本式动作中往后瞧的转头动作,可刺激颈部大椎穴,达到防治"五劳七伤"的目的。"五劳"指心、肝、脾、肺、肾五脏劳损;"七伤"指喜、怒、悲、忧、恐、惊、思七情伤害。

(3)可增加颈部及肩关节周围与运动肌群的收缩力,增加颈部运动幅度,活动眼肌,预防眼肌疲劳以及肩、颈与背部等疾患。同时,改善颈部及脑部血液循环,有助于解除中枢神经系统疲劳。

6. 第五式　摇头摆尾去心火

【技术要领】

动作一：接上式。身体重心左移；右脚向右开步站立，两腿膝关节自然伸直；同时，两掌上托与胸同高时，两臂内旋，两掌继续上托至头上方，肘关节微屈，掌心向上，指尖相对；目视前方。（图5－5－35、图5－5－36）

图5－5－35　　　　　图5－5－36

动作二：上动不停。两腿徐缓屈膝半蹲成马步；同时，两臂向两侧下落，两掌扶于膝关节上方，肘关节微屈，小指侧向前；目视前方。（图5－5－37、图5－5－38）

图5－5－37　　　　　图5－5－38

动作三：身体重心向上稍升起，而后右移；上体先向后倾，随之俯身；目视右脚。（图5－5－39）

动作四：上动不停。身体重心左移；同时，上体由右向前、向左旋转；目视右脚。（图5－5－40）

动作五：身体重心右移，成马步；同时，头向后摇，上体立起，随之下颔微收；目视前方。（图5－5－41）

动作六～八：同动作三～五，唯左右相反。（图5－5－42至图5－5－44）

本式一左一右为一遍，共做三遍。

图 5-5-39　　　　　图 5-5-40　　　　　图 5-5-41

图 5-5-42　　　　　图 5-5-43　　　　　图 5-5-44

做完三遍后，身体重心左移，右脚回收成开步站立，与肩同宽；同时，两掌向外经两侧上举，掌心相对；目视前方。（图 5-5-45）随后松腰沉髋，身体重心缓缓下降，两腿膝关节微屈，同时屈肘，两掌经面前下按至腹前，掌心向下，指尖相对；目视前方。（图 5-5-46）

图 5-5-45　　　　　图 5-5-46

【注意事项】

(1)马步下蹲要收髋敛臀,上体中正。

(2)摇转时,颈部与尾闾对拉伸长,好似两个轴在相对运转,速度应柔和缓慢,动作圆活连贯。

(3)年老或体弱者要注意动作幅度,不可强求。

【功理作用】

(1)心火。即心热火旺的病证,属阳热内盛的病机。通过两腿下蹲,摆动尾闾,可刺激脊椎、督脉等;通过摇头,可刺激大椎穴,从而达到疏通泄热作用,有助于去除心火。

(2)在摇头摆尾过程中,脊椎腰段,颈段大幅度侧屈、环转及回旋,可使整个脊椎的头颈段、腰腹及臀、股部肌群参与收缩,既增加了颈、腰、髋的关节灵活性,也锻炼了这些部位的肌肉。

7. 第六式　两手攀足固腰肾

【技术要领】

动作一:接上式。两腿挺膝伸直站立;同时,两掌指尖向前,两臂向前、向上举起,肘关节伸直,掌心向前;目视前方。(图5-5-47)

动作二:两臂外旋至掌心相对,屈肘,两掌下按胸前,掌心向下,指尖相对;目视前方。(图5-5-48)

图5-5-47

图5-5-48

动作三:上动不停。两臂外旋,两掌心向上,随之两掌掌指顺腋下向后插;目视前方。(图5-5-49、图5-5-50)

动作四:两掌心向内沿脊椎两侧向下摩运至臀部;随之上体前俯,两掌继续沿腿后向下摩运,经脚两侧置于脚面;抬头,动作略停;目视前下方。(图5-5-51)

图 5-5-49　　　　　　图 5-5-50　　　　　　图 5-5-51

动作五：两掌沿地面前伸，随之用手臂举动上体起立，两臂伸直上举，掌心向前；目视前方。（图5-5-52）

本式一上一下为一遍，共做六遍。

做完六遍后，松腰沉髋，重心缓缓下降；两腿膝关节微屈；同时，两掌向前下按至腹前，掌心向下，指尖向前；目视前方。（图5-5-53）

图 5-5-52　　　　　　　图 5-5-53

【注意事项】

（1）反穿摩运要适当用力，至足背时松腰沉肩，两膝挺直，向上起身时手臂主动上举，带动上体立起。

（2）年老或体弱者可根据身体状况自行调整动作幅度，不可强求。

【功理作用】

（1）通过前屈后伸可刺激脊椎、督脉以及命门、阳关、委中等穴，有助于防治生殖泌尿系统方面的慢性病，达到固肾壮腰的作用。

（2）通过脊椎大幅度前屈后伸，可有效发展躯干前、后伸屈，脊椎肌群的力量与伸展性,同时对腰部的肾、肾上腺、输尿管等器官有良好的牵拉、按摩作用,可以改善其功能,刺激其活动。

8. 第七式　攒拳怒目增气力

【技术要领】

接上式。身体重心右移,左脚向左开步;两腿徐缓屈膝半蹲成马步;同时,两掌握固,抱于腰侧,拳眼朝上、目视前方。(图5-5-54)

动作一:左拳缓慢用力向前冲出,与肩同高,拳眼朝上;瞪目,视左拳冲出方向。(图5-5-55)

　　图5-5-54　　　　　　　图5-5-55

动作二:左臂内旋,左拳变掌,虎口朝下;目视左掌。(图5-5-56)左臂外旋,肘关节微屈;同时,左掌向左缠绕,变掌心向上后握固;目视左拳。(图5-5-57)

动作三:屈肘,回收左拳至腰侧,拳眼朝上;目视前方。(图5-5-58)

　图5-5-56　　　　　　图5-5-57　　　　　　图5-5-58

动作四～六:同动作一～三,唯左右相反。(图5-5-59至图5-5-62)

本式一左一右为一遍,共做三遍。

做完三遍后,身体重心右移,左脚回收成并步站立;同时,两拳变掌,自然垂于体侧;目视前方。(图5-5-63)

图5-5-59

图5-5-60

图5-5-61

图5-5-62

图5-5-63

【注意事项】

(1)马步的高低可根据自己的腿部力量灵活掌握。

(2)冲拳是要怒目瞪眼,注视冲出之拳,同时脚趾抓地,拧要顺肩,力达拳面;拳回收时要旋腕,五指用力抓握。

【功理作用】

(1)中医认为,"肝主筋,开窍于目"。本式中的"怒目瞪眼"可刺激肝经,使肝血充盈,肝气疏泄,有强健筋骨的作用。

(2)两腿下蹲十趾抓地、双手攒拳、旋腕、手指逐节强力抓握等动作,可刺激手、足三阴三阳十二经脉的腧穴和督脉等;同时,使全身肌肉、经脉受到静力牵张刺激,长期锻炼可使全身筋肉结实,气力增加。

9. 第八式 背后七颠百病消

【技术要领】

动作一：接上式。两脚跟提起；头上顶，动作略停；目视前方。(图5-5-64)

动作二：两脚跟下落，轻震地面；目视前方。(图5-5-65)

图5-5-64　　　　　　图5-5-65

本式一起一落为一遍，共做七遍。

【注意事项】

(1) 上提时脚趾要抓地，脚跟尽力抬起，两腿并拢，百会穴上顶，略有停顿，要掌握好平衡。

(2) 脚跟下落时，咬牙，轻震地面，动作不要过急。

(3) 沉肩舒臂，周身放松。

【功理作用】

(1) 脚趾为足三阴、足三阳经交会之处，脚十趾抓地，可刺激足部有关经脉，调节相应脏腑的功能；同时，颠足可刺激脊椎与督脉，使全身脏腑经络气血通畅，阴阳平衡。

(2) 颠足而立可发展小腿后部肌群力量，拉长足底肌肉、韧带，提高人体平衡能力。

(3) 落地震动可轻度刺激下肢及脊椎各关节内外结构，并使全身肌肉得到放松复位，有助于解除肌肉紧张。

10. 收势

【技术要领】

动作一：接上式。两臂内旋，向两侧摆起，与髋同高，掌心向后；目视前方。(图5-5-66)

动作二：两臂屈肘，两掌相叠于丹田处(男性左手在内，女性右手在内)；目视前

方。（图 5-5-67）

动作三：两臂自然下落，两掌轻贴于腿外侧；目视前方。（图 5-5-68）

图 5-5-66

图 5-5-67

图 5-5-68

【注意事项】体态安详，周身放松，呼吸自然，气沉丹田。

【功理作用】气息归元，放松肢体肌肉，愉悦心情，进一步巩固效果，逐渐恢复到练功前安静时的状态。

参考文献

[1] 李经伟. 中国传统健身养生图说. 北京:中国书店出版社,1990.
[2] 吕光荣. 中国气功经典. 北京:人民体育出版社,1990.
[3] 丁继华. 中国传统养生珍典. 北京:人民体育出版社,1999.
[4] 周稔丰,周明. 易筋洗髓经. 天津:天津大学出版社,1994.
[5] 少室山人. 少林寺武术百科全书. 北京:京华出版社,1995.
[6] 布华轩. 洗髓经. 太原:山西人民出版社,1984.
[7] 《易筋经》编写小组. 易筋经. 北京:人民体育出版社,1962.
[8] 丁光迪. 太清导引养生经. 养性延命录. 北京:中医药出版社,1993.
[9] 陶弘景. 养生导引秘籍. 北京:中国人民大学出版社,1990.
[10] 《中华文化通志》(体育志). 上海:上海人民出版社.
[11] 《五禽戏》编写小组. 五禽戏. 北京:人民体育出版社,1978.
[12] 焦国瑞. 气功养生学概要. 北京:人民体育出版社,1984.
[13] 张柯,董文成. 华佗五禽戏行功歌诀详解. 沈阳:辽宁科学技术出版社,1986.
[14] 周稔丰,李自然. 气功康复养生精要. 天津:天津科学技术出版社,1987.
[15] 马济人. 中国气功学. 西安:陕西科学技术出版社,1988.
[16] 阎海,马凤阁. 中国传统健身术. 北京:人民体育出版社,1990.
[17] 吴志超. 导引养生史稿. 北京:北京体育大学出版社,1996.
[18] 刘时荣. 华佗五禽剑. 北京:人民体育出版社,1997.
[19] 丁继华等. 中国传统养生珍典. 北京:人民体育出版社,1999.
[20] 国家体育总局健身气功管理中心. 健身气功·大舞. 北京:人民体育出版社,2003.
[21] 国家体育总局健身气功管理中心. 健身气功·五禽戏. 北京:人民体育出版社,2003.
[22] 国家体育总局健身气功管理中心. 健身气功·八段锦. 北京:人民体育出版社,2003.
[23] 国家体育总局健身气功管理中心. 健身气功·六字诀. 北京:人民体育出版

社,2003.

[24] 国家体育总局健身气功管理中心. 健身气功·易筋经. 北京:人民体育出版社,2003.

[25] 石爱桥. 中华养生精粹. 武汉:湖北人民出版社,2005.

[26] 江百龙,雷斌. 中医学基础. 武汉:湖北科学技术出版社,2000.

[27] 高濂. 遵生八笺. 北京:人民卫生出版社,2007.

[28] 郑勤. 太极文化与功法. 武汉:湖北人民出版社,2004.

[29] 刘国隆. 生理学. 上海:上海科学技术出版社,1986.

[30] 刘俊骧. 东方人体文化. 上海:上海文艺出版社,1996.

[31] 冯理达. 健康健美长寿学. 北京:人民体育出版社,1999.

[32] 吴邦惠. 人体科学导论. 成都:四川大学出版社,1998.

[33] 张应之. 实用健身全书. 北京:人民体育出版社,1997.